ΤΟ ΒΙ ΜΑΓΕΙ WONTON

100 νόστιμες συνταγές και τεχνικές για να κατακτήσετε την τέχνη του Κατασκευή Wonton

Ιωάννα Διαμαντή

Υλικό πνευματικών δικαιωμάτων ©2023

Όλα τα δικαιώματα διατηρούνται

Χωρίς την κατάλληλη γραπτή συγκατάθεση του εκδότη και του κατόχου των πνευματικών δικαιωμάτων, το βιβλίο του δεν μπορεί να χρησιμοποιηθεί ή να διανεμηθεί με οποιονδήποτε τρόπο, σχήμα ή μορφή, εκτός από σύντομες αναφορές που χρησιμοποιούνται σε μια κριτική. Αυτό το βιβλίο δεν πρέπει να θεωρείται υποκατάστατο ιατρικών, νομικών ή άλλων επαγγελματικών συμβουλών.

ΠΙΝΑΚΑΣ ΠΕΡΙΕΧΟΜΕΝΩΝ

ΠΙΝΑΚΑΣ ΠΕΡΙΕΧΟΜΕΝΩΝ..................3
ΕΙΣΑΓΩΓΗ..................8
ΠΡΩΙΝΟ ΓΕΥΜΑ..................9
1. Γλυκόξινες Βάφλες Γαρίδες Wontons..................10
2. Bacon and Egg Wontons..................13
3. Wonton Quiche Cups..................15
4. Μπανάνα Nutella Wontons..................17
5. Wonton Breakfast Tacos..................19
6. Γαλλικό τοστ Wonton..................21
7. Λουκάνικα και τυριά Wontons..................23
8. Wonton Breakfast Pizza..................25
9. Wonton Breakfast Strudels..................28
10. Quiches με σπανάκι και φέτα Wonton..................30
11. Wonton Breakfast Empanadas..................32
12. Κύπελλα Wonton με ζαμπόν και τυρί..................35
13. Λουκάνικο και αυγό Wonton Bites..................37
14. Κύπελλα αβοκάντο και αυγών Wonton..................39
15. Wonton Breakfast Burritos..................41
16. Φλιτζάνια Wonton για λαχανικά και τυρί..................43
ΣΝΑΚ ΚΑΙ ΟΡΕΚΤΙΚΑ..................45
17. Γουόντον Σαμπούσα..................46
18. Καβούρι Ραγκούν..................49
19. Ζεστά κύπελλα σπανάκι & αγκινάρα..................51
20. Ιταλός Wonton Nachos..................53
21. Τηγανητά λαχανικά Wontons..................56

22. Κανόλι χαμηλών λιπαρών με σάλτσα βατόμουρου. 59
23. Wonton cannoli..62
24. Μαύρο Σουσάμι Wonton Chips..................................65
25. Αυτοκόλλητα με καυτή και πικάντικη κατσαρόλα.67
26. Αυτοκόλλητα ιαπωνικής κατσαρόλας.......................71
27. Ανοιξιάτικα τυλιχτά κοτόπουλου..............................73
ΣΑΛΑΤΕΣ ΚΑΙ ΠΛΕΥΡΕΣ..76
28. Σαλάτα με μπιζέλια και χυλοπίτες με Wonton Strips
....77
29. Στοιβαγμένη σαλάτα κοτόπουλου.............................79
30. Κινέζικη σαλάτα κοτόπουλου Mason jar................83
31. Κινέζικη σαλάτα κοτόπουλου με Wontons...............85
32. Wonton σαλάτα με γαρίδες...88
33. Ασιατική σαλάτα με Wontons....................................91
34. Πικάντικη σαλάτα Wonton..94
35. Σαλάτα τζίντζερ Wonton με σουσάμι.......................97
36. Σαλάτα Avocado Wonton...100
37. Ταϊλανδική σαλάτα Wonton.....................................102
38. Σαλάτα Wonton με κοτόπουλο στη σχάρα............104
39. σαλάτα τόνου Wonton...106
40. BBQ Chicken Wonton Salad....................................108
41. Σαλάτα Wonton με γαρίδες και μάνγκο................110
42. Ταϊλανδική σαλάτα με φιστίκια Wonton..............112
43. Σαλάτα Teriyaki Tofu Wonton................................115
44. Σαλάτα Caprese Wonton..117
45. σαλάτα τόνου Wonton..119

46. Σαλάτα Antipasto Wonton..121
47. Σαλάτα Southwestern Wonton....................................123
48. σαλάτα Caesar Wonton..125
49. Ελληνική σαλάτα Wonton..127
50. Σαλάτα Wonton με ψητό παντζάρι και κατσικίσιο τυρί..129
ΣΟΥΠΑ..131
51. Σούπα Keto Wonton..132
52. Κλασική σούπα ζωμού Wonton..................................134
53. Wonton Dumpling Soup..138
54. Wontons σε ελαφρύ ζωμό σουσαμιού-σόγιας με αρακά..141
55. Απλή σούπα wonton..144
56. Κλασική χοιρινή σούπα Wonton................................147
57. Χορτοφαγική σούπα Wonton.....................................149
58. Σούπα Wonton με κοτόπουλο και λαχανικά..........151
59. Πικάντικη σούπα γαρίδας Wonton..........................153
60. Ταϊλανδική σούπα Wonton Curry καρύδας...........155
61. Σούπα Wonton με χοιρινό τζίντζερ.........................158
62. Σούπα Wonton με γαρίδες σκόρδου........................160
63. σούπα Szechuan Wonton..162
64. Χορτοφαγική σούπα Wonton.....................................164
65. Σούπα Wonton Chicken Lemongrass......................166
66. Γλυκόξινη χοιρινή σούπα Wonton............................168
67. Σούπα Wonton με γαρίδες Tom Yum......................171
68. Σούπα Wonton Τουρκίας..174

69. Σούπα Wonton Crab Rangoon..................................176
70. Πικάντικη σούπα βοείου κρέατος Wonton............178
71. Σούπα Wonton με γαρίδες και χτένι......................180
72. Σούπα Wonton με σάλτσα φυστικοβούτυρου........182
73. Wonton σούπα με λαχανικά και noodles................185
ΚΥΡΙΟ ΠΙΑΤΟ..187
74. Ραβιόλια με μασκαρπόνε & χτένια.......................188
75. Χαβάης Τόνος στη σχάρα με φύκια.......................192
76. Ψητά λαχανικά και θαλασσινά..............................195
77. Γουόντον λαχανικών και θαλασσινών..................197
78. Wontons πάπιας και τζίντζερ................................199
79. Go Gees with Ground Turkey................................201
80. Αυτοκόλλητα κατσαρόλας με κρασί από ρύζι Konjac
....203
81. Παραδοσιακά Gow Gees.......................................205
82. Dumplings Siu Mai..208
83. Ζυμαρικά μοσχαρίσιο στον ατμό..........................211
84. Ανάμεικτα ραβιόλια λουλουδιών και τυριών......213
85. Τραγανό καβούρι και κρέμα τυριού Wontons......215
86. Χοιρινός Μόμος..218
87. Τηγανητό στον αέρα Κρέμα Τυρί Wontons..........220
88. Λάχανο και χοιρινό Gyoza....................................222
89. Ψητά λαχανικά και θαλασσινά..............................225
90. Γουόντον χοιρινός κιμάς.......................................227
ΕΠΙΔΟΡΠΙΟ..230
91. Nutella Wontons...231

92. Nutella Banana Wontons..234
93. Επιδόρπιο Nutella Wontons......................................237
94. Ψητά αχλάδια σε πατατάκια Wonton και μέλι.....240
Χρόνος προετοιμασίας: 20 λεπτά..................................241
95. Wontons με μπανάνα σοκολάτας...........................242
96. Apple Cinnamon Wontons..244
97. Wontons Cream Cheese Strawberry....................246
98. Blueberry Lemon Wontons......................................248
99. S'mores Wontons..250
100. Raspberry Cream Cheese Wontons...................252
ΣΥΜΠΕΡΑΣΜΑ...254

ΕΙΣΑΓΩΓΗ

Καλώς ήρθατε στο ΤΟ ΒΙΒΛΙΟ ΜΑΓΕΙΡΙΚΗΣ WONTON, όπου εξερευνούμε τον γευστικό κόσμο της κινέζικης κουζίνας μέσα από το φακό αυτού του αγαπημένου πιάτου. Τα Wontons είναι μικρά δέματα σαν ζυμαρικά που είναι γεμάτα με μια ποικιλία από αλμυρά υλικά και σερβίρονται παραδοσιακά σε έναν αρωματικό ζωμό. Αποτελούν βασικό στοιχείο της κινέζικης κουζίνας και έχουν γίνει δημοφιλή σε όλο τον κόσμο για τις μοναδικές γεύσεις και υφές τους.

Σε αυτό το βιβλίο μαγειρικής, θα σας μεταφέρουμε σε ένα γαστρονομικό ταξίδι στα διάφορα στυλ wontons, από κλασικό χοιρινό και γαρίδες μέχρι χορτοφαγικές παραλλαγές και επιδόρπια. Θα παρέχουμε οδηγίες βήμα προς βήμα για το πώς να φτιάξετε τα δικά σας περιτυλίγματα και γεμίσεις Wonton, καθώς και συμβουλές για το μαγείρεμα και το σερβίρισμα τους. Είτε είστε έμπειρος σεφ είτε αρχάριος στην κουζίνα, υπάρχει κάτι για όλους σε αυτό το βιβλίο μαγειρικής.

ΠΡΩΙΝΟ ΓΕΥΜΑ

1. Γλυκόξινες Βάφλες Γαρίδες Wontons

ΑΠΟΔΟΣΗ: Κάνει 16 wontons

ΣΥΣΤΑΤΙΚΑ

- 8 ουγγιές μαγειρεμένες και παγωμένες γαρίδες (31-40 μετρήσεις ή 41-50 μετρήσεις), ξεφλουδισμένες, αφαιρούμενες τις ουρές
- 1 μεγάλο ασπράδι αβγού, ελαφρά χτυπημένο
- $\frac{1}{4}$ φλιτζάνι ψιλοκομμένα κρεμμύδια, πράσινα και λευκά μέρη
- 1 σκελίδα σκόρδο, ψιλοκομμένη
- 2 κουταλάκια του γλυκού καστανή ζάχαρη
- 2 κουταλάκια του γλυκού αποσταγμένο λευκό ξύδι
- $\frac{1}{2}$ κουταλάκι του γλυκού τριμμένο ή ψιλοκομμένο φρέσκο τζίντζερ
- $\frac{3}{4}$ κουταλάκι του γλυκού αλάτι
- $\frac{1}{2}$ κουταλάκι του γλυκού φρεσκοτριμμένο μαύρο πιπέρι
- 1 συσκευασία wonton wrappers (τουλάχιστον 32 περιτυλίγματα), περίπου $3\frac{1}{2}$ ίντσες ανά πλευρά
- Αντικολλητικό σπρέι μαγειρικής
- Σάλτσα τζίντζερ-σουσάμι (ακολουθεί η συνταγή)

1 Ψιλοκόβουμε τις γαρίδες ώστε να καταλήξουν σχεδόν σαν πάστα. Εάν θέλετε να χρησιμοποιήσετε έναν επεξεργαστή τροφίμων, μισή ντουζίνα γρήγορα όσπρια θα πρέπει να το επιτύχουν αυτό. Τοποθετήστε τις ψιλοκομμένες γαρίδες σε ένα μεσαίου μεγέθους μπολ.

2 Προσθέστε το ασπράδι, το κρεμμύδι, το σκόρδο, τη ζάχαρη, το ξύδι, το τζίντζερ, το αλάτι και το πιπέρι στις

γαρίδες, ανακατέψτε να ανακατευτούν καλά και αφήστε το στην άκρη.

3 Προθερμάνετε το σίδερο για βάφλες σε υψηλή θερμοκρασία. Προθερμαίνουμε τον φούρνο στη χαμηλότερη ρύθμιση.

4 Για να σχηματίσετε τα ζυμαρικά, αφαιρέστε ένα περιτύλιγμα wonton από τη συσκευασία. Χρησιμοποιώντας ένα πινέλο ζαχαροπλαστικής ή ένα καθαρό δάχτυλο, βρέξτε και τις 4 άκρες του περιτυλίγματος. Τοποθετήστε μια λίγη κουταλιά της σούπας από το μείγμα γαρίδων στο κέντρο και από πάνω με ένα άλλο περιτύλιγμα wonton. Πιέστε κατά μήκος των άκρων για να σφραγιστούν. Το νερό πρέπει να λειτουργεί ως κόλλα. Αν βρείτε σημείο που δεν κολλάει, προσθέστε λίγο νερό ακόμα. Αφήνουμε στην άκρη το έτοιμο wonton, σκεπάζουμε με μια πετσέτα ατμού και πλάθουμε τα υπόλοιπα.

5 Καλύψτε και τις δύο πλευρές της σχάρας με αντικολλητικό σπρέι. Τοποθετήστε τόσα wontons στη βαφλιέρα όσα χωράνε άνετα και κλείστε το καπάκι. Μαγειρέψτε για 2 λεπτά πριν ελέγξετε. Το περιτύλιγμα wonton θα πρέπει να χάσει τη διαφάνειά του και τα σημάδια της βάφλας πρέπει να είναι βαθύ χρυσοκάστανο. Αυτό μπορεί να διαρκέσει έως και 4 λεπτά. Αφαιρούμε τα ψημένα wontons και τα κρατάμε ζεστά στο φούρνο όσο τα άλλα ψήνονται.

6   Σερβίρετε τα wontons με τη σάλτσα τζίντζερ-σουσάμι.

2. Bacon and Egg Wontons

ΣΥΣΤΑΤΙΚΑ

12 περιτυλίγματα wonton
6 φέτες μπέικον, ψημένες και θρυμματισμένες
6 αυγά ομελέτα
Αλάτι και πιπέρι για να γευτείς
Πράσινα κρεμμυδάκια ψιλοκομμένα για γαρνίρισμα
Κατευθύνσεις:

Προθερμάνετε το φούρνο στους 350°F.

Ψεκάστε μια φόρμα για μάφιν με αντικολλητικό μαγειρικό σπρέι.

Πιέστε ένα περιτύλιγμα wonton σε κάθε φλιτζάνι μάφιν.

Γεμίστε κάθε φλιτζάνι wonton με ομελέτα και μπέικον.

Αλατοπιπερώνουμε.

Ψήνουμε για 15-20 λεπτά, μέχρι να γίνουν τραγανά τα wontons και να ροδίσουν.

Γαρνίρουμε με φρέσκα κρεμμυδάκια ψιλοκομμένα και σερβίρουμε.

3. Wonton Quiche Cups

ΣΥΣΤΑΤΙΚΑ

12 περιτυλίγματα wonton
4 αυγά
1/2 φλιτζάνι γάλα
1/2 φλιτζάνι τριμμένο τυρί τσένταρ
Αλάτι και πιπέρι για να γευτείς
Ψιλοκομμένος φρέσκος μαϊντανός για γαρνίρισμα
Κατευθύνσεις:

Προθερμάνετε το φούρνο στους 375°F.

Ψεκάστε μια φόρμα για μάφιν με αντικολλητικό μαγειρικό σπρέι.

Πιέστε ένα περιτύλιγμα wonton σε κάθε φλιτζάνι μάφιν.

Σε ένα μπολ χτυπάμε τα αυγά και το γάλα.

Ανακατεύουμε με το τριμμένο τυρί τσένταρ και αλατοπιπερώνουμε.

Ρίξτε το μείγμα των αυγών στις κούπες wonton.

Ψήνουμε για 15-20 λεπτά, μέχρι να φουσκώσουν οι κούπες κις και να ροδίσουν.

Γαρνίρουμε με ψιλοκομμένο φρέσκο μαϊντανό και σερβίρουμε.

4. Μπανάνα Nutella Wontons

ΣΥΣΤΑΤΙΚΑ

12 περιτυλίγματα wonton
1 μπανάνα, κομμένη σε φέτες
1/4 φλιτζάνι Nutella
Ζάχαρη άχνη για γαρνίρισμα
Κατευθύνσεις:

Προθερμάνετε το φούρνο στους 350°F.

Απλώστε τα περιτυλίγματα wonton σε μια επίπεδη επιφάνεια.

Απλώστε μια μικρή ποσότητα Nutella στο κέντρο κάθε περιτυλίγματος.

Από πάνω βάζουμε μια φέτα μπανάνα.

Διπλώστε το περιτύλιγμα wonton στη μέση και πιέστε τις άκρες για να σφραγιστεί.

Τοποθετήστε τα wontons σε ένα ταψί στρωμένο με λαδόκολλα.

Ψήνουμε για 8-10 λεπτά, μέχρι να γίνουν τραγανά τα wontons και να ροδίσουν.

Πασπαλίζουμε με ζάχαρη άχνη και σερβίρουμε.

5. Wonton Breakfast Tacos

ΣΥΣΤΑΤΙΚΑ

12 περιτυλίγματα wonton
6 αυγά ομελέτα
1/2 φλιτζάνι μαύρα φασόλια, ξεπλυμένα και στραγγισμένα
1/4 φλιτζάνι τριμμένο τυρί τσένταρ
1 αβοκάντο, κομμένο σε κύβους
2 κουταλιές της σούπας φρέσκο κόλιανδρο ψιλοκομμένο
Αλάτι και πιπέρι για να γευτείς
Salsa για το σερβίρισμα
Κατευθύνσεις:

Προθερμάνετε το φούρνο στους 375°F.

Ψεκάστε μια φόρμα για μάφιν με αντικολλητικό μαγειρικό σπρέι.

Πιέστε ένα περιτύλιγμα wonton σε κάθε φλιτζάνι μάφιν.

Γεμίστε κάθε φλιτζάνι wonton με ομελέτα, μαύρα φασόλια και τριμμένο τυρί τσένταρ.

Αλατοπιπερώνουμε.

Ψήνουμε για 15-20 λεπτά, μέχρι να γίνουν τραγανά τα wontons και να ροδίσουν.

Γεμίστε κάθε φλιτζάνι wonton με αβοκάντο κομμένο σε κύβους και φρέσκο κόλιανδρο ψιλοκομμένο.

Σερβίρουμε με σάλσα.

6. Γαλλικό τοστ Wonton

ΣΥΣΤΑΤΙΚΑ

12 περιτυλίγματα wonton
2 αυγα
1/2 φλιτζάνι γάλα
1 κουταλάκι του γλυκού εκχύλισμα βανίλιας
1/2 κουταλάκι του γλυκού αλεσμένη κανέλα
1/4 κουταλάκι του γλυκού αλεσμένο μοσχοκάρυδο
2 κουταλιές της σούπας ανάλατο βούτυρο
Ζάχαρη άχνη και σιρόπι σφενδάμου για το σερβίρισμα
Κατευθύνσεις:

Σε ένα ρηχό πιάτο, χτυπήστε τα αυγά, το γάλα, το εκχύλισμα βανίλιας, την τριμμένη κανέλα και αλεσμένο μοσχοκάρυδο.
2. Λιώνουμε το βούτυρο σε ένα αντικολλητικό τηγάνι σε μέτρια φωτιά.

Βουτήξτε κάθε περιτύλιγμα wonton στο μείγμα των αυγών, φροντίζοντας να καλύψετε και τις δύο πλευρές.

Τοποθετήστε τα περιτυλίγματα wonton στο τηγάνι και μαγειρέψτε μέχρι να ροδίσουν, περίπου 1-2 λεπτά ανά πλευρά.

Σερβίρετε το wonton γαλλικό τοστ ζεστό, πασπαλισμένο με ζάχαρη άχνη και περιχυμένο με σιρόπι σφενδάμου.

7. <u>Λουκάνικα και τυριά Wontons</u>

ΣΥΣΤΑΤΙΚΑ

12 περιτυλίγματα wonton
1/2 κιλό λουκάνικο πρωινού, μαγειρεμένο και θρυμματισμένο
1/2 φλιτζάνι τριμμένο τυρί τσένταρ
2 φρέσκα κρεμμυδάκια, ψιλοκομμένα
Αλάτι και πιπέρι για να γευτείς
Κατευθύνσεις:

Προθερμάνετε το φούρνο στους 375°F.

Ψεκάστε μια φόρμα για μάφιν με αντικολλητικό μαγειρικό σπρέι.

Πιέστε ένα περιτύλιγμα wonton σε κάθε φλιτζάνι μάφιν.

Γεμίστε κάθε φλιτζάνι wonton με μαγειρεμένο λουκάνικο και τριμμένο τυρί τσένταρ.

Αλατοπιπερώνουμε.

Ψήνουμε για 15-20 λεπτά, μέχρι να γίνουν τραγανά τα wontons και να ροδίσουν.

Γεμίστε κάθε φλιτζάνι wonton με ψιλοκομμένα φρέσκα κρεμμυδάκια και σερβίρετε.

8. Wonton Breakfast Pizza

ΣΥΣΤΑΤΙΚΑ

12 περιτυλίγματα wonton
1/2 φλιτζάνι σάλτσα πίτσας
1/2 φλιτζάνι τριμμένο τυρί μοτσαρέλα
4 φέτες μπέικον, ψημένες και θρυμματισμένες
4 αυγά τηγανητά
Αλάτι και πιπέρι για να γευτείς
Ψιλοκομμένος φρέσκος μαϊντανός για γαρνίρισμα
Κατευθύνσεις:

Προθερμάνετε το φούρνο στους 375°F.

Ψεκάστε ένα ταψί με αντικολλητικό μαγειρικό σπρέι.

Απλώστε τα περιτυλίγματα wonton στο ταψί.

Απλώστε μια μικρή ποσότητα σάλτσας πίτσας σε κάθε περιτύλιγμα.

Πασπαλίζουμε από πάνω τριμμένο τυρί μοτσαρέλα.

Περιχύνουμε με μαγειρεμένο μπέικον και ένα τηγανητό αυγό.

Αλατοπιπερώνουμε.

Ψήνουμε για 10-12 λεπτά, μέχρι να λιώσει και να αφρατέψει το τυρί.

Γαρνίρουμε με ψιλοκομμένο φρέσκο μαϊντανό και σερβίρουμε.

9. Wonton Breakfast Strudels

ΣΥΣΤΑΤΙΚΑ

12 περιτυλίγματα wonton
4 ουγγιές τυρί κρέμα, μαλακωμένο
1/4 φλιτζάνι μαρμελάδα φράουλα
1 αυγό, χτυπημένο
1 κουταλιά της σούπας νερό
Ζάχαρη άχνη για γαρνίρισμα
Κατευθύνσεις:

Προθερμάνετε το φούρνο στους 375°F.

Σε ένα μικρό μπολ ανακατεύουμε το τυρί κρέμα και τη μαρμελάδα φράουλα.

Απλώστε τα περιτυλίγματα wonton σε μια επίπεδη επιφάνεια.

Ρίξτε μια μικρή ποσότητα από το μείγμα του τυριού κρέμα σε κάθε περιτύλιγμα.

Διπλώστε το περιτύλιγμα wonton στη μέση και πιέστε τις άκρες για να σφραγιστεί.

Σε ένα ξεχωριστό μπολ, χτυπήστε μαζί το χτυπημένο αυγό και το νερό.

Αλείψτε τα wontons με το πλύσιμο των αυγών.
Ψήνουμε για 15-20 λεπτά, μέχρι να γίνουν τραγανά τα wontons και να ροδίσουν.
Πασπαλίζουμε με ζάχαρη άχνη και σερβίρουμε.

10. Quiches με σπανάκι και φέτα Wonton

ΣΥΣΤΑΤΙΚΑ

12 περιτυλίγματα wonton
4 αυγά
1/2 φλιτζάνι γάλα
1/2 φλιτζάνι τυρί φέτα θρυμματισμένη
1 φλιτζάνι φύλλα φρέσκου σπανακιού, ψιλοκομμένα
Αλάτι και πιπέρι για να γευτείς
Κατευθύνσεις:

Προθερμάνετε το φούρνο στους 375°F.
Ψεκάστε μια φόρμα για μάφιν με αντικολλητικό μαγειρικό σπρέι.
Πιέστε ένα περιτύλιγμα wonton σε κάθε φλιτζάνι μάφιν.
Σε ένα μπολ χτυπάμε τα αυγά και το γάλα.
Ανακατεύουμε με τη θρυμματισμένη φέτα και τα ψιλοκομμένα φύλλα σπανακιού.
Αλατοπιπερώνουμε.
Ρίξτε το μείγμα των αυγών στις κούπες wonton.
Ψήνουμε για 15-20 λεπτά, μέχρι να δέσουν τα κις και να ροδίσουν από πάνω.

Σερβίρετε ζεστό ή σε θερμοκρασία δωματίου.

11. <u>Wonton Breakfast Empanadas</u>

ΣΥΣΤΑΤΙΚΑ

12 περιτυλίγματα wonton
1/2 κιλό λουκάνικο πρωινού, μαγειρεμένο και θρυμματισμένο
1/4 φλιτζάνι κρεμμύδι σε κυβάκια
1/4 φλιτζάνι πράσινη πιπεριά κομμένη σε κύβους
1/4 φλιτζάνι κόκκινη πιπεριά σε κύβους
1/4 φλιτζάνι τριμμένο τυρί τσένταρ
Αλάτι και πιπέρι για να γευτείς
Κατευθύνσεις:

Προθερμάνετε το φούρνο στους 375°F.

Ψεκάστε ένα ταψί με αντικολλητικό μαγειρικό σπρέι.

Σε ένα τηγάνι σοτάρουμε το κρεμμύδι, την πράσινη πιπεριά και την κόκκινη πιπεριά μέχρι να μαλακώσουν.

Προσθέστε το μαγειρεμένο λουκάνικο στο τηγάνι και ανακατέψτε να ενωθούν.

Απλώστε τα περιτυλίγματα wonton σε μια επίπεδη επιφάνεια.

Ρίξτε μια μικρή ποσότητα από το μείγμα του λουκάνικου σε κάθε περιτύλιγμα.

Πασπαλίστε από πάνω τριμμένο τυρί τσένταρ.

Αλατοπιπερώνουμε.

Διπλώστε το περιτύλιγμα wonton στη μέση και πιέστε τις άκρες για να σφραγιστεί.

Ψήνουμε για 15-20 λεπτά, μέχρι να γίνουν τραγανά τα wontons και να ροδίσουν.
Σερβίρετε ζεστό ή σε θερμοκρασία δωματίου.

12. <u>Κύπελλα Wonton με ζαμπόν και τυρί</u>

ΣΥΣΤΑΤΙΚΑ

12 περιτυλίγματα wonton
1/2 φλιτζάνι ζαμπόν σε κύβους
1/2 φλιτζάνι τριμμένο τυρί τσένταρ
2 φρέσκα κρεμμυδάκια, ψιλοκομμένα
Αλάτι και πιπέρι για να γευτείς
Κατευθύνσεις:

Προθερμάνετε το φούρνο στους 375°F.

Ψεκάστε μια φόρμα για μάφιν με αντικολλητικό μαγειρικό σπρέι.

Πιέστε ένα περιτύλιγμα wonton σε κάθε φλιτζάνι μάφιν.

Γεμίστε κάθε φλιτζάνι wonton με ζαμπόν σε κύβους και τριμμένο τυρί τσένταρ.

Αλατοπιπερώνουμε.

Ψήνουμε για 15-20 λεπτά, μέχρι να γίνουν τραγανά τα wontons και να ροδίσουν.

Γεμίστε κάθε φλιτζάνι wonton με ψιλοκομμένα φρέσκα κρεμμυδάκια και σερβίρετε.

13. Λουκάνικο και αυγό Wonton Bites

ΣΥΣΤΑΤΙΚΑ

12 περιτυλίγματα wonton
1/2 κιλό λουκάνικο πρωινού, μαγειρεμένο και θρυμματισμένο
4 αυγά ομελέτα
Αλάτι και πιπέρι για να γευτείς
Κατευθύνσεις:
1. Προθερμαίνουμε τον φούρνο στους 375°F.
2. Ψεκάστε μια φόρμα για μίνι μάφιν με αντικολλητικό μαγειρικό σπρέι.

Κόψτε κάθε περιτύλιγμα wonton σε τέταρτα.

Πιέστε ένα τέταρτο περιτυλίγματος wonton σε κάθε φλιτζάνι μίνι μάφιν.

Γεμίστε κάθε φλιτζάνι wonton με μαγειρεμένο λουκάνικο και ομελέτα.

Αλατοπιπερώνουμε.

Ψήνουμε για 12-15 λεπτά, μέχρι τα wontons να γίνουν τραγανά και να ροδίσουν.

Σερβίρετε ζεστό ή σε θερμοκρασία δωματίου.

14. <u>Κύπελλα αβοκάντο και αυγών Wonton</u>

ΣΥΣΤΑΤΙΚΑ

12 περιτυλίγματα wonton
2 ώριμα αβοκάντο
4 αυγά ομελέτα
1/4 φλιτζάνι κόκκινο κρεμμύδι σε κυβάκια
Αλάτι και πιπέρι για να γευτείς
Ψιλοκομμένο φρέσκο κόλιανδρο για γαρνίρισμα
Κατευθύνσεις:

Προθερμάνετε το φούρνο στους 375°F.

Ψεκάστε μια φόρμα για μάφιν με αντικολλητικό μαγειρικό σπρέι.

Πιέστε ένα περιτύλιγμα wonton σε κάθε φλιτζάνι μάφιν.

Πολτοποιήστε τα αβοκάντο σε ένα μπολ με ένα πιρούνι.

Γεμίστε κάθε φλιτζάνι wonton με πολτοποιημένο αβοκάντο.

Ρίχνουμε από πάνω αυγά ομελέτα και κόκκινο κρεμμύδι σε κυβάκια.

Αλατοπιπερώνουμε.

Ψήνουμε για 15-20 λεπτά, μέχρι να γίνουν τραγανά τα wontons και να ροδίσουν.

Γαρνίρουμε με ψιλοκομμένο φρέσκο κόλιανδρο και σερβίρουμε.

15. <u>Wonton Breakfast Burritos</u>

ΣΥΣΤΑΤΙΚΑ

12 περιτυλίγματα wonton
6 αυγά ομελέτα
1/2 φλιτζάνι μαγειρεμένα μαύρα φασόλια
1/2 φλιτζάνι ντομάτες σε κύβους
1/2 φλιτζάνι αβοκάντο κομμένο σε κύβους
1/4 φλιτζάνι ψιλοκομμένο φρέσκο κόλιανδρο
Αλάτι και πιπέρι για να γευτείς
Κατευθύνσεις:

Προθερμάνετε το φούρνο στους 375°F.
Απλώστε τα περιτυλίγματα wonton σε μια επίπεδη επιφάνεια.
Γεμίστε κάθε περιτύλιγμα wonton με ομελέτα, μαύρα φασόλια, κομμένη ντομάτα και αβοκάντο κομμένο σε κύβους.
Πασπαλίζουμε από πάνω ψιλοκομμένο φρέσκο κόλιανδρο.
Αλατοπιπερώνουμε.
Διπλώστε το περιτύλιγμα wonton σε σχήμα μπουρίτο και πιέστε τις άκρες για να σφραγιστούν.
Τοποθετήστε τα wonton burritos σε ένα ταψί στρωμένο με λαδόκολλα.
8. Ψήνετε για 12-15 λεπτά, μέχρι τα wontons να γίνουν τραγανά και να ροδίσουν. Σερβίρετε ζεστό ή σε θερμοκρασία δωματίου.

16. Φλιτζάνια Wonton για λαχανικά και τυρί

ΣΥΣΤΑΤΙΚΑ

12 περιτυλίγματα wonton
1/2 φλιτζάνι μπουκετάκια μπρόκολου ψιλοκομμένα
1/2 φλιτζάνι ψιλοκομμένη κόκκινη πιπεριά
1/2 φλιτζάνι τριμμένο τυρί τσένταρ
1/4 φλιτζάνι κόκκινο κρεμμύδι σε κυβάκια
Αλάτι και πιπέρι για να γευτείς
Κατευθύνσεις:

Προθερμάνετε το φούρνο στους 375°F.

Ψεκάστε μια φόρμα για μάφιν με αντικολλητικό μαγειρικό σπρέι.

Πιέστε ένα περιτύλιγμα wonton σε κάθε φλιτζάνι μάφιν.

Γεμίστε κάθε φλιτζάνι wonton με ψιλοκομμένο μπρόκολο και κόκκινη πιπεριά.

Περιχύνουμε με τριμμένο τυρί τσένταρ και κόκκινο κρεμμύδι σε κυβάκια.

Αλατοπιπερώνουμε.

Ψήνουμε για 15-20 λεπτά, μέχρι να γίνουν τραγανά τα wontons και να ροδίσουν.

Σερβίρετε ζεστό ή σε θερμοκρασία δωματίου.

ΣΝΑΚ ΚΑΙ ΟΡΕΚΤΙΚΑ

17. Γουόντον Σαμπούσα

Απόδοση: 16 Αρτοσκευάσματα

Συστατικό
- 1 φλιτζάνι καφέ φακές
- ½ κουταλάκι του γλυκού καγιέν
- 1 φλιτζάνι Νερό
- 1 κουταλάκι του γλυκού Κανέλα
- ½ φλιτζάνι πράσινη πιπεριά κομμένη σε κύβους
- ¾ φλιτζάνι κρεμμύδια ψιλοκομμένα
- Αλάτι και αλεσμένο μαύρο πιπέρι για γεύση
- 2 σκελίδες σκόρδο? κιμάς
- 3 κουταλιές της σούπας ελαιόλαδο
- 8 περιτυλίγματα wonton
- 2 κουταλάκια του γλυκού γλυκιά ουγγρική πάπρικα
- 1 κρόκο αυγού χτυπημένο με μια κουταλιά της σούπας
- Νερό
- 1 κουταλάκι του γλυκού τριμμένη αποφλοιωμένη φρέσκια ρίζα τζίντζερ
- 1 κουταλάκι του γλυκού Αλεσμένοι σπόροι κόλιανδρου
- Λάδι για τηγάνισμα

α) Ξεπλένουμε τις φακές και τις βάζουμε να βράσουν στο νερό. Χαμηλώνουμε τη φωτιά, σκεπάζουμε και σιγοβράζουμε για 45 λεπτά. Εν τω μεταξύ, σοτάρουμε τα κρεμμύδια και το σκόρδο στο ελαιόλαδο μέχρι να γίνουν διάφανα τα κρεμμύδια. Προσθέστε τα μπαχαρικά και τις ψιλοκομμένες πράσινες πιπεριές και σιγοβράστε σκεπασμένο για 3 λεπτά, ανακατεύοντας συχνά. Αποσύρουμε το τηγάνι από τη φωτιά.
β) Όταν μαλακώσουν οι φακές, τις ενώνουμε με τα σοταρισμένα λαχανικά. Αλατοπιπερώνουμε.

c) Κόψτε τα περιτυλίγματα wonton στη μέση για να σχηματίσετε ορθογώνια. Τοποθετήστε ένα περιτύλιγμα κάθετα σε μια επίπεδη επιφάνεια και αλείψτε το με το μείγμα των χτυπημένων αυγών. Βάλτε μια στρογγυλεμένη κουταλιά της σούπας από τη γέμιση στο κάτω άκρο ενός από τα ορθογώνια. Διπλώστε την αριστερή κάτω γωνία προς τα πάνω και πάνω από τη γέμιση μέχρι να συναντήσει τη δεξιά άκρη του περιτυλίγματος και να σχηματίσει ένα τρίγωνο. Στη συνέχεια, γυρίστε το γεμάτο τρίγωνο πάνω και ξανά, διπλώνοντας κατά μήκος της πάνω άκρης του. Στη συνέχεια, διπλώστε το προς τα αριστερά στη διαγώνιο. Συνεχίστε να διπλώνετε μέχρι να φτάσετε στο τέλος του περιτυλίγματος και να έχετε σχηματίσει μια προσεγμένη τριγωνική συσκευασία.

d) Επαναλάβετε αυτή τη διαδικασία με τα άλλα ορθογώνια περιτυλίγματος wonton. Τηγανίζουμε κάθε ζύμη μέχρι να ροδίσει σε 2 ή 3 ίντσες λάδι που έχει θερμανθεί στους 360 F. Μπορείτε να διατηρήσετε τα τηγανητά sambussas σε ζεστό φούρνο μέχρι να ετοιμαστούν όλα και να είναι έτοιμα για σερβίρισμα. Τα Sambussas τρώγονται καλύτερα ζεστά.

18. Καβούρι Ραγκούν

- 1 ή 2 συσκευασίες (8 ουγγιές) τυρί Neufchatel, μαλακωμένο (ή τυρί κρέμα). Ποσό με βάση το πόσο «τυρό» προτιμάτε.
- 1 κονσέρβα (6 ουγκιές) κρέας καβουριού, στραγγισμένο και ξεφλουδισμένο 2 φρέσκα κρεμμυδάκια συμπεριλαμβανομένων των κορυφών, κομμένα σε λεπτές φέτες
- 1 σκελίδα σκόρδο, ψιλοκομμένη
- τσαγιού σάλτσα Worcestershire 1/2 κουταλάκι του γλυκού σάλτσα σόγιας lite
- 1 συσκευασία (48 μετρήσεις) Επικάλυψη φυτικού σπρέι Wonton skins

a) Γέμιση: Σε μεσαίο μπολ, συνδυάστε όλα τα συστατικά εκτός από τις φλούδες Wonton και την επικάλυψη ψεκασμού. ανακατεύουμε μέχρι να ομογενοποιηθούν καλά.
b) Για να αποτρέψετε το στέγνωμα των επιδερμίδων Wonton, ετοιμάστε ένα ή δύο Rangoon τη φορά. Τοποθετήστε 1 κουταλάκι του γλυκού γέμιση στο κέντρο κάθε φλούδας wonton.
c) Βρέξτε τις άκρες με νερό. Διπλώστε στη μέση για να σχηματίσετε ένα τρίγωνο, πιέζοντας τις άκρες για να σφραγιστούν. Τραβήξτε τις κάτω γωνίες προς τα κάτω και επικαλύπτετε ελαφρά. Βρέξτε τη μια γωνία και πιέστε για να σφραγιστεί. Ψεκάστε ελαφρά το ταψί με φυτική επικάλυψη.
d) Τοποθετήστε το Rangoon σε φύλλο και ψεκάστε ελαφρά για να το καλύψετε. Ψήνουμε στα 425
e) Φαρενάιτ βαθμό πάνω για 12 έως 15 λεπτά ή μέχρι να ροδίσει. Σερβίρετε ζεστό με γλυκόξινη σάλτσα ή σάλτσα μουστάρδας.

19. Ζεστά κύπελλα σπανάκι & αγκινάρα

- 24 περιτυλίγματα wonton
- 1 κονσέρβα (14 oz.) καρδιές αγκινάρας, στραγγισμένες, ψιλοκομμένες
- 1 φλιτζάνι τυρί μοτσαρέλα KRAFT τριμμένο
- 1 κιλό. (10 oz.) κατεψυγμένο ψιλοκομμένο σπανάκι, αποψυγμένο, στυμμένο στεγνό
- 1/3 φλιτζάνι KRAFT Mayo με ελαιόλαδο μαγιονέζα μειωμένων λιπαρών
- 1/3 φλιτζάνι τυρί παρμεζάνα KRAFT τριμμένη
- 1/4 φλιτζάνι κόκκινες πιπεριές ψιλοκομμένες
- 2 σκελίδες σκόρδο, ψιλοκομμένες

a) ΘΕΡΜΟΤΗΤΑ πάνω από δύο 350
b) ΤΟΠΟΘΕΤΗΣΤΕ 1 περιτύλιγμα Wonton σε κάθε ένα από τα 24 μίνι φλιτζάνια για μάφιν ψεκασμένα με σπρέι μαγειρέματος, με τις άκρες του περιτυλίγματος να εκτείνονται πάνω από το φλιτζάνι. Ψήνουμε 5 λεπτά. Εν τω μεταξύ, ανακατεύουμε τα υπόλοιπα υλικά.
c) ΚΟΥΤΑΛΙ το μείγμα αγκινάρας σε φλιτζάνια wonton.
d) ΨΗΝΟΥΜΕ 12 με 14 λεπτά. ή μέχρι να θερμανθεί η γέμιση και οι άκρες των φλιτζανιών να ροδίσουν.

20. Ιταλός Wonton Nachos

Κάνει: 1

ΣΥΣΤΑΤΙΚΑ
ΣΑΛΤΣΑ ALFREDO
- 1 φλιτζάνι μισό και μισό
- 1 φλιτζάνι βαριά κρέμα
- 2 κουταλιές της σούπας ανάλατο βούτυρο
- 2 σκελίδες σκόρδο ψιλοκομμένες
- ½ φλιτζάνι παρμεζάνα
- Αλατοπίπερο
- 2 κουταλιές της σούπας αλεύρι

ΝΑΧΟΣ
- Περιτυλίγματα Wonton κομμένα σε τρίγωνα
- 1 Κοτόπουλο ψημένο και ψιλοκομμένο
- Πιπεριές σοτέ
- Τυρί μοτσαρέλα
- ελιές
- Μαϊντανός ψιλοκομμένος
- Παρμεζάνα
- Λάδι για το τηγάνισμα φυστικιών ή κανόλας

ΟΔΗΓΙΕΣ
a) Προσθέστε το ανάλατο βούτυρο σε μια κατσαρόλα και λιώστε σε μέτρια φωτιά.
b) Ανακατεύουμε το σκόρδο μέχρι να λιώσει όλο το βούτυρο.
c) Προσθέτουμε γρήγορα το αλεύρι και χτυπάμε συνεχώς μέχρι να ομογενοποιηθεί και να ροδίσει.
d) Σε ένα μπολ ανακατεύουμε την παχύρρευστη κρέμα και τη μισή-μισή.

e) Αφήνουμε να πάρει μια βράση, στη συνέχεια χαμηλώνουμε σε χαμηλή φωτιά και μαγειρεύουμε για 8-10 λεπτά ή μέχρι να πήξει.

f) Αλατοπιπερώνουμε.

g) Wontons: Ζεσταίνουμε το λάδι σε ένα μεγάλο τηγάνι σε μέτρια δυνατή φωτιά, περίπου ⅓ από τη διαδρομή προς τα πάνω.

h) Προσθέτουμε τα wontons ένα-ένα και τα ζεσταίνουμε μέχρι να ροδίσουν μόλις στο κάτω μέρος, στη συνέχεια αναποδογυρίζουμε και μαγειρεύουμε και την άλλη πλευρά.

i) Τοποθετήστε μια χαρτοπετσέτα πάνω από την αποχέτευση.

j) Προθερμαίνουμε το φούρνο στους 350°F και στρώνουμε ένα ταψί με λαδόκολλα, ακολουθούμενα από τα wontons.

k) Προσθέστε τη σάλτσα Alfredo, το κοτόπουλο, τις πιπεριές και το τυρί μοτσαρέλα από πάνω.

l) Τοποθετήστε κάτω από το μπόιλερ στο φούρνο σας για 5-8 λεπτά ή μέχρι να λιώσει καλά το τυρί.

m) Βγάζουμε από το φούρνο και ρίχνουμε από πάνω ελιές, παρμεζάνα και μαϊντανό.

21. Τηγανητά λαχανικά Wontons

Κάνει: 16 wontons

ΣΥΣΤΑΤΙΚΑ
- ¼ φλιτζάνι καρότα ψιλοκομμένα
- ¼ φλιτζάνι ψιλοκομμένο εξαιρετικά σφιχτό τόφου
- ¼ φλιτζάνι ψιλοκομμένα μανιτάρια shiitake
- ½ φλιτζάνι λάχανο ψιλοκομμένο
- 1 κουταλιά της σούπας ψιλοκομμένο σκόρδο
- 1 κουταλάκι του γλυκού αποξηραμένο τριμμένο τζίντζερ
- ¼ κουταλάκι του γλυκού λευκό πιπέρι
- 2 κουταλάκια του γλυκού σάλτσα σόγιας, χωρισμένα
- 1 κουταλάκι του γλυκού σησαμέλαιο
- 2 κουταλάκια του γλυκού άμυλο πατάτας ή άμυλο καλαμποκιού
- 16 περιτυλίγματα wonton
- 1 με 2 spritzes λάδι canola ή έξτρα παρθένο ελαιόλαδο
- Πικάντικη σάλτσα σόγιας

ΟΔΗΓΙΕΣ
a) Σε ένα μεγάλο μπολ, συνδυάστε τα καρότα, το τόφου, τα μανιτάρια, το λάχανο, το σκόρδο, το τζίντζερ, το λευκό πιπέρι και 1 κουταλάκι του γλυκού σάλτσα σόγιας.
b) Σε ένα μικρό μπολ, συνδυάστε το υπόλοιπο 1 κουταλάκι του γλυκού σάλτσα σόγιας, σησαμέλαιο και άμυλο πατάτας. Χτυπάμε μέχρι να ενωθεί τελείως το άμυλο. Περιχύνουμε με το τόφου και τα λαχανικά και ανακατεύουμε καλά με τα χέρια μας.
c) Βάλτε ένα μικρό μπολ με νερό δίπλα στην επιφάνεια εργασίας σας για να φτιάξετε τα ζυμαρικά. Τοποθετήστε ένα περιτύλιγμα wonton, βρέξτε τα πλαϊνά με νερό χρησιμοποιώντας το δάχτυλό σας και τοποθετήστε 1

κουταλιά της σούπας από τη γέμιση στο κέντρο. Τραβήξτε και τις 4 γωνίες του περιτυλίγματος προς τα πάνω και στο κέντρο και σφίξτε τις μεταξύ τους. Βάλτε τα wontons στο καλάθι της φριτέζας. Επαναλάβετε αυτή τη διαδικασία, κάνοντας συνολικά 16 wontons. Ψεκάστε τα wontons με το λάδι canola. Μαγειρέψτε στους 360°F για 6 λεπτά, ανακινώντας τα μισά του χρόνου μαγειρέματος.

d) Μεταφέρετε τα τηγανητά wontons σε ένα πιάτο και σερβίρετε με τη σάλτσα ντιπ.

22. Κανόλι χαμηλών λιπαρών με σάλτσα βατόμουρου

Κάνει: 6 μερίδες

ΣΥΣΤΑΤΙΚΑ

- 2 Εμπορευματοκιβώτια; (15 oz) άπαχο τυρί ρικότα
- 12 wontons? (4 in.) περιτυλίγματα
- Σπρέι μαγειρικής με άρωμα βουτύρου
- 1 κουταλάκι του γλυκού άμυλο καλαμποκιού διαλυμένο σε 1 κουταλάκι του γλυκού νερό. (για πάστα)
- 6 κουταλιές της σούπας Ζάχαρη
- ½ κουταλάκι του γλυκού εκχύλισμα βανίλιας
- ¼ κουταλάκι του γλυκού εκχύλισμα αμυγδάλου
- 3 φλιτζάνια φρέσκα σμέουρα
- 2 κουταλιές της σούπας ζάχαρη ζαχαροπλαστικής. έως 4
- 2 κουταλάκια του γλυκού ξύσμα λεμονιού
- 1 κουταλιά της σούπας ψιλοκομμένο? ελαφρώς καβουρδισμένα φιστίκια Αιγίνης

ΟΔΗΓΙΕΣ

a) Στραγγίζουμε τη ρικότα για 6 με 8 ώρες

b) Προθερμάνετε το φούρνο στους 400 βαθμούς Φ. Ψεκάστε ελαφρά 12 σωληνάρια cannoli με μαγειρικό σπρέι. Ξεκινώντας από τις γωνίες, τυλίξτε τα wontons γύρω από τους σωλήνες. Κόλλα με ταμπόντα ή πάστα από αμύλου καλαμποκιού. Ψεκάστε ελαφρά εξωτερικά τα κανόλι. Τοποθετήστε σε ένα ταψί και ψήστε μέχρι να ροδίσει και να γίνει τραγανό, περίπου 4 με 6 λεπτά. Αφήνουμε να κρυώσει ελαφρώς και μετά σύρουμε τη ζύμη από τα σωληνάρια. Ψύξτε σε μια σχάρα.

c) Γέμιση: Σε ένα μεγάλο μπολ χτυπάμε τη ρικότα, τη ζάχαρη και τα εκχυλίσματα. Αφήστε στην άκρη ή μεταφέρετε σε μια σακούλα ζαχαροπλαστικής με $\frac{1}{2}$-in. αστεράκι.

d) Σάλτσα: Πολτοποιήστε τα σμέουρα σε έναν επεξεργαστή τροφίμων. Στραγγίζουμε τον πουρέ από ένα σουρωτήρι σε ένα μπολ. Χτυπάμε με σύρμα τη ζάχαρη και το ξύσμα λεμονιού των ζαχαροπλαστείων. (Η συνταγή μπορεί να προετοιμαστεί αρκετές ώρες νωρίτερα μέχρι αυτό το στάδιο.) 5. Χρησιμοποιώντας σακούλα ζαχαροπλαστικής ή κουταλάκι του γλυκού, τοποθετήστε $\frac{1}{4}$ c μείγμα σε κάθε κέλυφος. Πασπαλίζουμε τις άκρες με ψιλοκομμένα φιστίκια Αιγίνης.

e) Για να σερβίρετε, ρίχνετε τη σάλτσα βατόμουρου σε πιάτα γλυκού.

f) Τοποθετήστε 2 κανόλι σε κάθε πιάτο πάνω από τη σάλτσα βατόμουρου και σερβίρετε αμέσως.

23. Wonton cannoli

Κάνει: 4 μερίδες

ΣΥΣΤΑΤΙΚΑ

24 wonton skins
Φυστικέλαιο για βαθύ τηγάνισμα
Χοντροτριμμένα ανάλατα φιστίκια Αιγίνης
Επιπλέον ζάχαρη ζαχαροπλαστικής
Κλαδιά μέντας

ΠΛΗΡΩΣΗ:

1 λίβρα. τυρί Ricotta με χαμηλά λιπαρά, χτυπημένο απαλό
½ γ κοσκινισμένη ζάχαρη ζαχαροπλαστικής
1 κουταλάκι του γλυκού καθαρό εκχύλισμα βανίλιας
⅓ c ξυρισμένη ημίγλυκη σοκολάτα

ΟΔΗΓΙΕΣ

a) Ζεσταίνουμε λάδι στη φριτέζα στους 375. Δουλέψτε με 6 φλούδες wonton την ώρα.

b) Κρατήστε το υπόλοιπο καλά τυλιγμένο σε κερωμένο χαρτί και τυλιγμένο με μια ελαφρώς βρεγμένη πετσέτα. Τοποθετήστε ένα δέρμα wonton στην επιφάνεια εργασίας και τοποθετήστε ένα σωλήνα cannoli διαγώνια στο κέντρο του. Εάν δεν έχετε σωλήνα κανόλι, σχηματίστε ένα σωλήνα με λίγο αλουμινόχαρτο. Φέρτε τις πλευρές του δέρματος πάνω από το σωλήνα. Σφραγίστε τις επικαλυπτόμενες άκρες με λίγο νερό. Σχηματίστε δέρματα wonton γύρω από τα υπόλοιπα 5 σωληνάρια. Μαγειρέψτε, 2 σωληνάρια τη φορά, με τη ραφή προς τα κάτω σε καυτό λάδι, για 30 δευτερόλεπτα ή απλώς μέχρι να ροδίσουν. Αφαιρούμε με λαβίδες και στραγγίζουμε σε απορροφητικό χαρτί. Όσο τα κελύφη είναι ακόμα ζεστά, σπρώξτε τα απαλά από τα σωληνάρια με μια μικρή μεταλλική σπάτουλα και τα δάχτυλά σας.

c) Επαναλάβετε με τα υπόλοιπα δέρματα και βεβαιωθείτε ότι τα σωληνάρια κρυώνουν εντελώς πριν τα τυλίξετε με φλούδες.

Πλήρωση:

d) Συνδυάστε ρικότα, ζάχαρη ζαχαροπλαστικής, βανίλια και σοκολάτα.

e) Καλύψτε και ψύξτε για 2 ώρες ή όλη τη νύχτα. Για το σερβίρισμα: γέμιση με κουτάλι σε κοχύλια κανόλι. Μια σακούλα ζαχαροπλαστικής θα είναι πολύ χρήσιμη εδώ ή κόψτε μια γωνία από μια σακούλα σάντουιτς και πιέστε το μείγμα από αυτήν. Βουτάμε κάθε άκρη της γέμισης στα φιστίκια Αιγίνης. Τοποθετήστε σε πιατέλα σερβιρίσματος. Κοσκινίζουμε επιπλέον ζάχαρη πάνω από το καθένα και γαρνίρουμε με κλωναράκια μέντας.

24. Μαύρο Σουσάμι Wonton Chips

Κάνει 24 μάρκες

- 12 Vegan Wonton Wrappers
- Ψημένο σησαμέλαιο
- 1/3 φλιτζάνι μαύρο σουσάμι
- Αλάτι

Προθερμάνετε το φούρνο στους 450°F. Λαδώνουμε ελαφρά ένα ταψί και το αφήνουμε στην άκρη. Κόβουμε τα περιτυλίγματα wonton στη μέση σταυρωτά, τα αλείφουμε με σησαμέλαιο και τα απλώνουμε σε μια στρώση στο έτοιμο ταψί.

Πασπαλίστε τα περιτυλίγματα wonton με το σουσάμι και αλάτι για γεύση και ψήστε μέχρι να γίνουν τραγανά και να ροδίσουν, για 5 έως 7 λεπτά. Ψύξτε τελείως πριν το σερβίρετε. Αυτά τρώγονται καλύτερα την ημέρα παρασκευής τους, αλλά, αφού κρυώσουν, μπορούν να καλυφθούν και να αποθηκευτούν σε θερμοκρασία δωματίου για 1 έως 2 ημέρες.

25. <u>Αυτοκόλλητα με καυτή και πικάντικη κατσαρόλα</u>

ΚΑΝΕΙ: 18 ΜΕ 20 ΑΥΤΟΚΟΛΛΗΤΑ ΓΛΑΣΤΡΑ

Συστατικά

Φυστικέλαιο τσίλι

- ½ φλιτζάνι σησαμέλαιο
- 1 σκελίδα σκόρδο, τριμμένη
- 2 κουταλιές της σούπας ωμά φιστίκια
- 1 κουταλιά της σούπας ωμό σουσάμι
- 1 με 2 κουταλιές της σούπας θρυμματισμένες νιφάδες κόκκινης πιπεριάς
- 1 κουταλάκι του γλυκού αλάτι kosher

Αυτοκόλλητα γλάστρας

- 4 κουταλιές της σούπας σησαμέλαιο
- 1 (1 ίντσας) κομμάτι φρέσκο τζίντζερ, ξεφλουδισμένο και τριμμένο
- 2 σκελίδες σκόρδο, τριμμένες
- 4 φλιτζάνια ανάμεικτα λαχανικά ψιλοκομμένα
- 2 κουταλιές της σούπας σάλτσα σόγιας με χαμηλή περιεκτικότητα σε νάτριο
- 2 κουταλιές της σούπας φρέσκα κρεμμυδάκια, ψιλοκομμένα
- 18 έως 20 περιτυλίγματα wonton
- ⅓ φλιτζάνι ωμό σουσάμι

Κατευθύνσεις

α) Φτιάξτε το λάδι τσίλι. Σε μια μικρή κατσαρόλα, συνδυάστε το σησαμέλαιο, το σκόρδο, τα φιστίκια και το σουσάμι. Τοποθετήστε σε μέτρια φωτιά και μαγειρέψτε, ανακατεύοντας, μέχρι να μυρίσει, περίπου 5 λεπτά. Αποσύρουμε την κατσαρόλα από τη φωτιά και ανακατεύουμε τις νιφάδες κόκκινης πιπεριάς. Ελαφρώς

δροσερό ελαφρώς. Μεταφέρετε το μείγμα σε έναν επεξεργαστή τροφίμων και χτυπήστε μέχρι να αλεσθούν καλά τα φιστίκια, 30 δευτερόλεπτα έως 1 λεπτό. Προσθέστε αλάτι και χτυπήστε ξανά για να ενωθούν.
b) Φτιάχνουμε τη γέμιση. Ζεσταίνουμε 1 κουταλιά της σούπας σησαμέλαιο σε ένα μεγάλο τηγάνι σε μέτρια προς δυνατή φωτιά. Όταν το λάδι γυαλίσει, προσθέστε το τζίντζερ, το σκόρδο και τα λαχανικά και σοτάρετε, ανακατεύοντας μέχρι να ψηθούν τα λαχανικά, για 5 με 10 λεπτά. Προσθέστε τη σάλτσα σόγιας και τα πράσινα κρεμμυδάκια και μαγειρέψτε μέχρι να εξατμιστούν όλα τα υγρά, 2 με 3 λεπτά ακόμα. Αποσύρουμε το τηγάνι από τη φωτιά και το αφήνουμε να κρυώσει.
c) Συναρμολογήστε τα αυτοκόλλητα της κατσαρόλας. Τοποθετήστε τα περιτυλίγματα wonton σε μια καθαρή επιφάνεια εργασίας. Δουλεύοντας με ένα κάθε φορά, ρίξτε 1 κουταλιά της σούπας γέμιση στο κέντρο. Βουρτσίστε νερό γύρω από τις άκρες και μετά διπλώστε το περιτύλιγμα πάνω από τη γέμιση για να δημιουργήσετε ένα μισό φεγγάρι, τσιμπώντας τις άκρες μεταξύ τους για να σφραγιστούν. Επαναλαμβάνουμε με την υπόλοιπη γέμιση και τα περιτυλίγματα.
d) Τοποθετήστε το σουσάμι σε ένα ρηχό μπολ. Αλείφουμε με νερό τον πάτο των αυτοκόλλητων της κατσαρόλας και μετά τα βυθίζουμε στο σουσάμι πιέζοντας να κολλήσουν.
e) Σκουπίστε το τηγάνι που χρησιμοποιήθηκε για να φτιάξετε τη γέμιση και ζεστάνετε τις υπόλοιπες 3 κουταλιές της σούπας σησαμέλαιο σε μέτρια φωτιά.
f) Δουλεύοντας σε παρτίδες, όταν το λάδι γυαλίζει, προσθέστε μερικά αυτοκόλλητα κατσαρόλας και μαγειρέψτε μέχρι να ροδίσουν οι πάτοι, για 2 με 3 λεπτά. Ρίξτε $\frac{1}{4}$

φλιτζάνι νερό και καλύψτε αμέσως το τηγάνι με ένα καπάκι που εφαρμόζει σφιχτά. Προσοχή: Μείνετε πίσω. το νερό θα πιτσιλίσει! Χαμηλώνουμε τη φωτιά σε μέτρια προς χαμηλή και βράζουμε στον ατμό τα αυτοκόλλητα της κατσαρόλας μέχρι να μαλακώσουν παντού τα περιτυλίγματα, για 3 με 4 λεπτά. Επαναλάβετε με τα υπόλοιπα αυτοκόλλητα κατσαρόλας.

g) Αφήνουμε να κρυώσει και σερβίρουμε μαζί με το λάδι τσίλι για βούτηγμα.

26. Αυτοκόλλητα ιαπωνικής κατσαρόλας

Συστατικά
- Περιτυλίγματα wonton 1 ουγγιάς
- 1 ½ φλιτζάνι λάχανο ψιλοκομμένο
- ½ φλιτζάνι. Ασιατικό κρεμμύδι, ψιλοκομμένο
- ¼ φλιτζάνι. καρότα. Ψιλοκομμένο
- 1 κιλό κιμά χοιρινό
- σησαμέλαιο
- 1 σκελίδα σκόρδο
- 1 σκόρδο, ψιλοκομμένο
- 1 κουταλιά της σούπας σάλτσα σόγιας
- 1 τζίντζερ, τριμμένο

Κατευθύνσεις

a) Ανακατεύουμε το χοιρινό, το καρότο, το λάχανο, το σησαμέλαιο, το σκόρδο, τη σάλτσα σόγιας και το τζίντζερ μέχρι να ενσωματωθούν καλά.

b) Απλώστε τα περιτυλίγματα wonton σε μια αλευρωμένη πλατφόρμα

c) Ρίξτε μια κουταλιά γέμιση στο κέντρο κάθε περιτυλίγματος

d) Βρέξτε τα περιτυλίγματα με νερό και διπλώστε το καθένα σε μια μεμβράνη

e) Τρίψτε τις άκρες για να κάνετε ένα σχέδιο

f) Τοποθετούμε τα ζυμαρικά σε ζεστό λάδι και τα τηγανίζουμε μέχρι να ροδίσουν ή τα βράζουμε σε μια κατσαρόλα

27. Ανοιξιάτικα τυλιχτά κοτόπουλου

Μερίδες: 12

2 στήθη κοτόπουλου μεγάλου μεγέθους, ψημένα και τριμμένα
2 φρέσκα κρεμμυδάκια, ψιλοκομμένα
10 ουγγιές (284 g) τυρί Ricotta
1 κουταλιά της σούπας ξύδι ρυζιού
1 κουταλιά της σούπας μελάσα
1 κουταλάκι του γλυκού τριμμένο φρέσκο τζίντζερ
¼ φλιτζάνι σάλτσα σόγιας
¹/3 κουταλάκι του γλυκού θαλασσινό αλάτι
¼ κουταλάκι του γλυκού αλεσμένο μαύρο πιπέρι, ή περισσότερο για γεύση
48 περιτυλίγματα wonton
Σπρέι μαγειρικής

Ψεκάστε το καλάθι της φριτέζας με μαγειρικό σπρέι. Ανακατεύουμε όλα τα υλικά, εκτός από τα περιτυλίγματα, σε ένα μεγάλο μπολ. Ανακατεύουμε να ανακατευτούν καλά. Ξεδιπλώστε τα περιτυλίγματα σε μια καθαρή επιφάνεια εργασίας, στη συνέχεια χωρίστε και ρίξτε το μείγμα με κουτάλι στη μέση των τυλιχτών.
Ταμπονάρετε λίγο νερό στις άκρες των περιτυλιγμάτων και μετά διπλώνετε την άκρη κοντά σας πάνω από τη γέμιση. Τυλίγουμε την άκρη κάτω από τη γέμιση και τυλίγουμε σε ρολό για να σφραγιστεί.
Αραδιάζουμε τα τυλιχτά στο ταψί.
Τοποθετήστε το καλάθι της φριτέζας στο ταψί και σύρετε στη θέση 2, επιλέξτε Air Fry, ρυθμίστε τη θερμοκρασία στους 375°F (190°C) και ρυθμίστε το χρόνο στα 5 λεπτά.

Αναποδογυρίστε τα περιτυλίγματα στη μέση του χρόνου μαγειρέματος.
Όταν ολοκληρωθεί το μαγείρεμα, τα περιτυλίγματα πρέπει να ροδίσουν ελαφρά.
Σερβίρετε αμέσως.

ΣΑΛΑΤΕΣ ΚΑΙ ΠΛΕΥΡΕΣ

28. Σαλάτα με μπιζέλια και χυλοπίτες με Wonton Strips

Συστατικά

- 8 ουγγιές. Κοτόπουλο ποσέ, κομμένο σε λεπτές φέτες
- 8 ουγγιές. Ντρέσινγκ με σουσάμι-δαμάσκηνο
- 16 εα. Τμήματα πορτοκαλιού μανταρινιού
- 4 ουγκιές. Crispy Rice Noodles
- 4 ουγκιές. Crispy Wonton Strips
- 4 ουγκιές. Blue Diamond Slivered Ammonds, καβουρδισμένα
- 2 κουτ. Μαύρο & Λευκό σουσάμι
- 1 φλιτζάνι (150 γρ.) φρέσκο μπιζέλια με κέλυφος
- 250 γραμμάρια μπιζέλια ζάχαρης κομμένα
- 250 γραμμάρια αρακά χιονιού κομμένα
- 50 γραμμάρια φύτρων αρακά χιονιού

Κατευθύνσεις

1. Βάζουμε όλα τα υλικά σε ένα μπολ ανάμειξης.
2. Ανακατεύουμε τα υλικά μαζί μέχρι να ομογενοποιηθούν.
3. Ανακατεύουμε τα υλικά σε ένα μεγάλο μπολ σερβιρίσματος.
4. Τοποθετήστε τα κομμάτια μανταρινόπορτοκαλο γύρω από τη σαλάτα.
5. Γεμίστε τη σαλάτα με λίγο πιο τραγανά noodles ρυζιού και wontons.
6. Πασπαλίστε τα αμύγδαλα και το σουσάμι σε φέτες Blue Diamond πάνω από τη σαλάτα
7. Γαρνίρετε τη σαλάτα με λίγο αρακά χιονιού σε λεπτές φέτες.

29. Στοιβαγμένη σαλάτα κοτόπουλου

Υλικά σαλάτας

- 1 κεφάλι λάχανο Napa, κομμένο σε λωρίδες 1/4 ίντσας
- 1 μικρό κεφάλι κόκκινο λάχανο, καθαρισμένο και ψιλοκομμένο
- 2 μεγάλα καρότα, καθαρισμένα και κομμένα με κορδέλες
- 2 ματσάκια φρέσκα κρεμμυδάκια, κομμένα σε λεπτές φέτες
- 1 μεγάλο αγγλικό αγγούρι, ζουλιέν
- 2 φλιτζάνια μαγειρεμένο, ξεφλουδισμένο Edamame
- 2 φλιτζάνια ψημένα φιστίκια
- 4 στήθη κοτόπουλου σκόρδου στη σχάρα ή στο φούρνο, κομμένα σε κύβους
- 1 μικρό ματσάκι φύλλα κόλιανδρου, χοντροκομμένα
- 2 ώριμα αβοκάντο Hass, ξεφλουδισμένα, χωρίς κουκούτσι και κομμένα σε κύβους 1/2 ίντσας
- Lime Cilantro Thai Peanut dressing συστατικά
- 1/4 κόκκινη πιπεριά
- 1 μικρό ματσάκι φύλλα κόλιανδρου
- 4 κουταλιές της σούπας ωμό μέλι ή σκέτη ζάχαρη σφενδάμου
- 3 κουταλιές της σούπας ξύδι ρυζιού (καρυκευμένο ή μη)
- 3 κουταλιές της σούπας χυμό λάιμ
- 2 κουταλιές της σούπας μουστάρδα Dijon
- 1/2 κουταλάκι του γλυκού ασιατικό σησαμέλαιο
- 1/4 κουταλάκι του γλυκού ψιλοκομμένο φρέσκο τζίντζερ
- 1/2 κουταλάκι του γλυκού αλάτι kosher
- 1/4 αλεσμένο μαύρο πιπέρι
- 3 κουταλιές της σούπας κρεμώδες φυσικό φυστικοβούτυρο
- 1 1/2 κουταλάκι του γλυκού σάλτσα σόγιας με μειωμένο νάτριο ή ταμάρι

- 1/4 κουταλάκι του γλυκού νιφάδες θρυμματισμένη κόκκινη πιπεριά
- 1/4 φλιτζάνι έξτρα παρθένο ελαιόλαδο ή λάδι canola

Συστατικά σκόρδου κοτόπουλου
- 2 κιλά στήθη κοτόπουλου χωρίς κόκαλα, χωρίς δέρμα
- 6 κουταλιές της σούπας ελαιόλαδο
- 2 κουταλιές της σούπας ψιλοκομμένο σκόρδο
- 1 κουταλιά της σούπας σάλτσα σόγιας με μειωμένο νάτριο ή ταμάρι
- 1/2 κουταλάκι του γλυκού αλάτι kosher
- Υλικά Crispy Baked Wontons
- 1 συσκευασία περιτυλίγματα wonton ή 2 ουγγιές (1 δέσμη) ξυλάκια ρυζιού (ψιλά)
- λάδι mister γεμάτο με λάδι υψηλής θερμοκρασίας όπως Canola ή εξευγενισμένο έλαιο καρθάμου

Κατευθύνσεις
1. Συνδυάστε ελαιόλαδο και καρυκεύματα σε μια μεγάλη σακούλα Ziploc . Προσθέστε τα στήθη κοτόπουλου και ανακινήστε/ανακατέψτε μέχρι να καλυφθούν καλά.
2. Τοποθετήστε την πιπεριά και τα φύλλα κόλιανδρου σε ένα μπλέντερ ή στο μπολ εργασίας ενός επεξεργαστή τροφίμων. Προσθέστε τα υπόλοιπα υλικά εκτός από το ελαιόλαδο. Επεξεργαστείτε μέχρι να ομογενοποιηθεί, περίπου 30 με 60 δευτερόλεπτα. προσθέτουμε το ελαιόλαδο σε λεπτή ροή .
3. Ψήστε το κοτόπουλο στη σχάρα για 3 έως 4 λεπτά από κάθε πλευρά. Ελαφρώς δροσερό.
4. Απλώστε τα wontons πάνω από ένα μεγάλο ταψί με λαδόκολλα. Στη συνέχεια ψεκάστε ένα λεπτό στρώμα λαδιού πάνω από όλα τα wontons και ψήστε μέχρι να ροδίσουν .

5. Τοποθετήστε τη νάπα και το κόκκινο λάχανο, τα καρότα, το κρεμμύδι, το αγγούρι και το Edamame σε ένα πολύ μεγάλο μπολ ανάμειξης και ανακατέψτε. Προσθέστε κύβους κοτόπουλου στον κάδο του μίξερ.

6. Προσθέστε τα φιστίκια και το αβοκάντο κομμένο σε κύβους λίγο πριν το σερβίρετε.

7. Περιχύστε dressing πάνω από τη σαλάτα και προσθέστε σπασμένα κομμάτια wonton. Σερβίρετε αμέσως.

30. Κινέζικη σαλάτα κοτόπουλου Mason jar

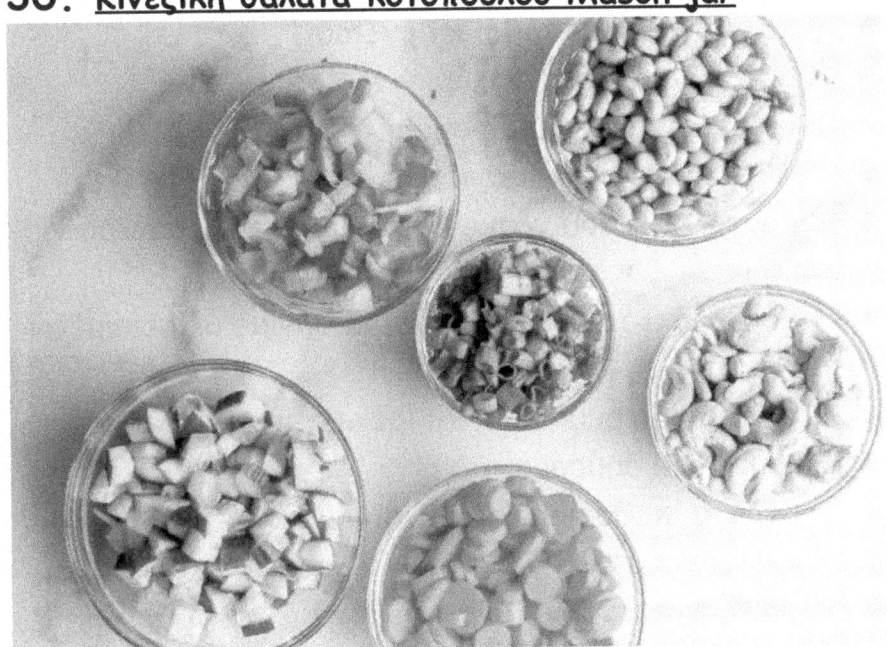

Συστατικά

- ½ φλιτζάνι ξύδι από κρασί ρυζιού
- 2 σκελίδες σκόρδο, πιεσμένες
- 1 κουταλιά της σούπας σησαμέλαιο
- 1 κουταλιά της σούπας φρεσκοτριμμένο τζίντζερ
- 2 κουταλάκια του γλυκού ζάχαρη, ή περισσότερο για γεύση
- ½ κουταλάκι του γλυκού σάλτσα σόγιας με μειωμένο νάτριο
- 2 φρέσκα κρεμμυδάκια, κομμένα σε λεπτές φέτες
- 1 κουταλάκι σουσάμι
- 2 καρότα, καθαρισμένα και τριμμένα
- 2 φλιτζάνια αγγλικό αγγούρι κομμένο σε κύβους
- 2 φλιτζάνια μωβ λάχανο τριμμένο
- 12 φλιτζάνια λάχανο ψιλοκομμένο
- 1 ½ φλιτζάνι κοτόπουλο ψητό κομμένο σε κύβους
- 1 φλιτζάνι λωρίδες wonton

Κατευθύνσεις

a) ΓΙΑ ΤΗ Βινεγκρέτ: Χτυπήστε μαζί το ξύδι, το σκόρδο, το σησαμέλαιο, το τζίντζερ, τη ζάχαρη και τη σάλτσα σόγιας σε ένα μικρό μπολ. Χωρίστε το ντρέσινγκ σε 4 (32 ουγκιές) γυάλινα βάζα με πλατύ στόμα με καπάκι.

b) Συμπληρώστε με φρέσκα κρεμμυδάκια, σουσάμι, καρότα, αγγούρι, λάχανο, λάχανο και κοτόπουλο. Βάζουμε στο ψυγείο για έως και 3 ημέρες. Αποθηκεύστε τις λωρίδες wonton χωριστά.

c) Για να σερβίρετε, ανακινήστε το περιεχόμενο ενός βάζου και προσθέστε τις λωρίδες wonton.

d) Σερβίρετε αμέσως.

31. <u>Κινέζικη σαλάτα κοτόπουλου με Wontons</u>

ΣΥΣΤΑΤΙΚΑ

4 φλιτζάνια ψιλοκομμένο μαρούλι
1 φλιτζάνι ψιλοκομμένο κοτόπουλο
1/2 φλιτζάνι καρότα τριμμένα
1/2 φλιτζάνι ψιλοκομμένο κόκκινο λάχανο
1/2 φλιτζάνι αγγούρι κομμένο σε φέτες
1/2 φλιτζάνι κόκκινη πιπεριά σε φέτες
1/4 φλιτζάνι κόλιαντρο ψιλοκομμένο
1/4 φλιτζάνι πράσινο κρεμμύδι σε φέτες
1/4 φλιτζάνι ψιλοκομμένα φιστίκια
8 περιτυλίγματα wonton, τηγανητά και ψιλοκομμένα
Σάλτσα:

2 κουταλιές της σούπας σάλτσα σόγιας
2 κουταλιές της σούπας ξύδι ρυζιού
1 κουταλιά της σούπας μέλι
1 κουταλιά της σούπας σησαμέλαιο
1 κουταλιά της σούπας τριμμένο τζίντζερ
1 σκελίδα σκόρδο, ψιλοκομμένη
Κατευθύνσεις:

Σε ένα μεγάλο μπολ, συνδυάστε το μαρούλι, το μαγειρεμένο κοτόπουλο, τα τριμμένα καρότα, το κόκκινο λάχανο, το αγγούρι, την κόκκινη πιπεριά, τον κόλιαντρο, το πράσινο κρεμμύδι και τα ψιλοκομμένα φιστίκια.

Σε ένα μικρό μπολ, χτυπήστε μαζί τη σάλτσα σόγιας, το ξύδι ρυζιού, το μέλι, το σησαμέλαιο, το τριμμένο τζίντζερ και το ψιλοκομμένο σκόρδο για να φτιάξετε το ντρέσινγκ.

Περιχύνουμε με το dressing τη σαλάτα και ανακατεύουμε να ενωθούν.

Από πάνω βάζουμε ψιλοκομμένα τηγανητά wontons.

Σερβίρετε αμέσως.

32. Wonton σαλάτα με γαρίδες

ΣΥΣΤΑΤΙΚΑ

4 φλιτζάνια ανάμεικτα χόρτα
1/2 φλιτζάνι μαγειρεμένες γαρίδες
1/2 φλιτζάνι αγγούρι κομμένο σε κύβους
1/2 φλιτζάνι ντοματίνια σε φέτες
1/4 φλιτζάνι κόκκινο κρεμμύδι σε κυβάκια
1/4 φλιτζάνι ραπανάκι κομμένο σε φέτες
8 περιτυλίγματα wonton, τηγανητά και ψιλοκομμένα
Σάλτσα:

3 κουταλιές της σούπας ελαιόλαδο
2 κουταλιές της σούπας ξύδι βαλσάμικο
1 κουταλάκι του γλυκού μουστάρδα Dijon
1 κουταλάκι του γλυκού μέλι
Αλάτι και πιπέρι για να γευτείς
Κατευθύνσεις:

Σε ένα μεγάλο μπολ, συνδυάστε ανάμεικτα χόρτα, μαγειρεμένες γαρίδες, αγγούρι κομμένο σε κύβους, ντοματίνια κομμένα σε φέτες, κόκκινο κρεμμύδι σε κύβους και ραπανάκι κομμένο σε φέτες.

Σε ένα μικρό μπολ, χτυπήστε ελαφρά μαζί το ελαιόλαδο, το βαλσάμικο ξύδι, τη μουστάρδα Dijon, το μέλι, αλάτι και πιπέρι για να φτιάξετε το ντρέσινγκ.

Περιχύνουμε με το dressing τη σαλάτα και ανακατεύουμε να ενωθούν.

Από πάνω βάζουμε ψιλοκομμένα τηγανητά wontons.

Σερβίρετε αμέσως.

33. <u>Ασιατική σαλάτα με Wontons</u>

ΣΥΣΤΑΤΙΚΑ

4 φλιτζάνια ανάμεικτα χόρτα
1/2 φλιτζάνι μαγειρεμένο ψιλοκομμένο κοτόπουλο
1/2 φλιτζάνι καρότα τριμμένα
1/2 φλιτζάνι αγγούρι κομμένο σε φέτες
1/2 φλιτζάνι κόκκινη πιπεριά σε φέτες
1/4 φλιτζάνι κόλιαντρο ψιλοκομμένο
1/4 φλιτζάνι πράσινο κρεμμύδι σε φέτες
8 περιτυλίγματα wonton, τηγανητά και ψιλοκομμένα
Σάλτσα:

3 κουταλιές της σούπας ξύδι ρυζιού
1 κουταλιά της σούπας σάλτσα σόγιας
1 κουταλιά της σούπας μέλι
1 σκελίδα σκόρδο, ψιλοκομμένη
1/4 φλιτζάνι φυτικό λάδι
Αλάτι και πιπέρι για να γευτείς

Κατευθύνσεις:
Σε ένα μεγάλο μπολ, συνδυάστε ανάμεικτα χόρτα, μαγειρεμένο τριμμένο κοτόπουλο, ψιλοκομμένα καρότα, αγγούρι σε φέτες, κόκκινη πιπεριά κομμένη σε φέτες, κόλιανδρο και πράσινο κρεμμύδι.

Σε ένα μικρό μπολ, χτυπήστε μαζί το ξύδι από ρύζι, τη σάλτσα σόγιας, το μέλι, το ψιλοκομμένο σκόρδο, το φυτικό λάδι, το αλάτι και το πιπέρι για να φτιάξετε το ντρέσινγκ.

Περιχύνουμε με το dressing τη σαλάτα και ανακατεύουμε να ενωθούν.

Από πάνω βάζουμε ψιλοκομμένα τηγανητά wontons.
Σερβίρετε αμέσως.

34. Πικάντικη σαλάτα Wonton

ΣΥΣΤΑΤΙΚΑ

4 φλιτζάνια ψιλοκομμένο μαρούλι iceberg
1/2 φλιτζάνι ψημένο χοιρινό κιμά
1/2 φλιτζάνι αγγούρι κομμένο σε φέτες
1/2 φλιτζάνι κόκκινη πιπεριά σε φέτες
1/4 φλιτζάνι πράσινο κρεμμύδι σε φέτες
8 περιτυλίγματα wonton, τηγανητά και ψιλοκομμένα
Σάλτσα:
2 κουταλιές της σούπας ξύδι ρυζιού
1 κουταλιά της σούπας σάλτσα σόγιας
1 κουταλιά της σούπας σάλτσα hoisin
1 κουταλιά της σούπας σάλτσα sriracha
1 σκελίδα σκόρδο, ψιλοκομμένη
1/4 φλιτζάνι φυτικό λάδι
Αλάτι και πιπέρι για να γευτείς

Κατευθύνσεις:
Σε ένα μεγάλο μπολ, συνδυάστε το ψιλοκομμένο μαρούλι iceberg, το μαγειρεμένο κιμά χοιρινό, το αγγούρι σε φέτες, την κόκκινη πιπεριά σε φέτες και το πράσινο κρεμμύδι σε φέτες.

Σε ένα μικρό μπολ, χτυπήστε ελαφρά μαζί το ξύδι ρυζιού, τη σάλτσα σόγιας, τη σάλτσα hoisin, τη σάλτσα sriracha, το ψιλοκομμένο σκόρδο, το φυτικό λάδι, το αλάτι και το πιπέρι για να φτιάξετε το ντρέσινγκ.

Περιχύνουμε με το dressing τη σαλάτα και ανακατεύουμε να ενωθούν.

Από πάνω βάζουμε ψιλοκομμένα τηγανητά wontons.

Σερβίρετε αμέσως.

35. Σαλάτα τζίντζερ Wonton με σουσάμι

ΣΥΣΤΑΤΙΚΑ

4 φλιτζάνια ανάμεικτα χόρτα
1/2 φλιτζάνι μαγειρεμένες γαρίδες
1/2 φλιτζάνι αγγούρι κομμένο σε φέτες
1/2 φλιτζάνι κόκκινη πιπεριά σε φέτες
1/4 φλιτζάνι κόλιαντρο ψιλοκομμένο
1/4 φλιτζάνι πράσινο κρεμμύδι σε φέτες
8 περιτυλίγματα wonton, τηγανητά και ψιλοκομμένα

Σάλτσα:
3 κουταλιές της σούπας ξύδι ρυζιού
1 κουταλιά της σούπας σάλτσα σόγιας
1 κουταλιά της σούπας μέλι
1 σκελίδα σκόρδο, ψιλοκομμένη
1 κουταλιά της σούπας σησαμέλαιο
1 κουταλιά της σούπας τριμμένο τζίντζερ
Αλάτι και πιπέρι για να γευτείς

Κατευθύνσεις:
Σε ένα μεγάλο μπολ, ανακατέψτε τα ανάμεικτα χόρτα, τις μαγειρεμένες γαρίδες, το αγγούρι σε φέτες, την κόκκινη πιπεριά σε φέτες, τον κόλιανδρο και το πράσινο κρεμμύδι.

Σε ένα μικρό μπολ, χτυπήστε ελαφρά μαζί το ξύδι ρυζιού, τη σάλτσα σόγιας, το μέλι, το ψιλοκομμένο σκόρδο, το σησαμέλαιο, το τριμμένο τζίντζερ, αλάτι και πιπέρι για να φτιάξετε το ντρέσινγκ.

Περιχύνουμε με το dressing τη σαλάτα και ανακατεύουμε να ενωθούν.

Από πάνω βάζουμε ψιλοκομμένα τηγανητά wontons.
Σερβίρετε αμέσως.

36. Σαλάτα Avocado Wonton

ΣΥΣΤΑΤΙΚΑ

4 φλιτζάνια ανάμεικτα χόρτα
1 αβοκάντο, κομμένο σε φέτες
1/2 φλιτζάνι ντοματίνια
1/2 φλιτζάνι κόκκινο κρεμμύδι σε φέτες
1/4 φλιτζάνι κόλιαντρο ψιλοκομμένο
8 περιτυλίγματα wonton, τηγανητά και ψιλοκομμένα
Σάλτσα:

2 κουταλιές της σούπας ελαιόλαδο
1 κουταλιά της σούπας χυμό λάιμ
1 σκελίδα σκόρδο, ψιλοκομμένη
Αλάτι και πιπέρι για να γευτείς
Κατευθύνσεις:

Σε ένα μεγάλο μπολ, ανακατέψτε τα χόρτα, το αβοκάντο σε φέτες, τα ντοματίνια, το κόκκινο κρεμμύδι σε φέτες και τον κόλιαντρο.

Σε ένα μικρό μπολ, χτυπήστε ελαφρά το ελαιόλαδο, το χυμό λάιμ, το ψιλοκομμένο σκόρδο, το αλάτι και το πιπέρι για να φτιάξετε το ντρέσινγκ.

Περιχύνουμε με το dressing τη σαλάτα και ανακατεύουμε να ενωθούν.

Από πάνω βάζουμε ψιλοκομμένα τηγανητά wontons.

Σερβίρετε αμέσως.

37. Ταϊλανδική σαλάτα Wonton

ΣΥΣΤΑΤΙΚΑ

4 φλιτζάνια ψιλοκομμένο μαρούλι
1/2 φλιτζάνι ψημένο κιμά κοτόπουλο
1/2 φλιτζάνι αγγούρι κομμένο σε φέτες
1/2 φλιτζάνι κόκκινο κρεμμύδι σε φέτες
1/4 φλιτζάνι κόλιαντρο ψιλοκομμένο
1/4 φλιτζάνι πράσινο κρεμμύδι σε φέτες
8 περιτυλίγματα wonton, τηγανητά και ψιλοκομμένα
Σάλτσα:

3 κουταλιές της σούπας χυμό λάιμ
1 κουταλιά της σούπας σάλτσα ψαριού
1 κουταλιά της σούπας μέλι
1 σκελίδα σκόρδο, ψιλοκομμένη
1/4 φλιτζάνι φυτικό λάδι
Αλάτι και πιπέρι για να γευτείς
Κατευθύνσεις:

Σε ένα μεγάλο μπολ, συνδυάστε το ψιλοκομμένο μαρούλι Ρομά, το μαγειρεμένο κιμά κοτόπουλο, το αγγούρι σε φέτες, το κόκκινο κρεμμύδι σε φέτες, τον κόλιαντρο και το πράσινο κρεμμύδι.
Σε ένα μικρό μπολ, χτυπήστε μαζί το χυμό λάιμ, τη σάλτσα ψαριού, το μέλι, το ψιλοκομμένο σκόρδο, το φυτικό λάδι, το αλάτι και το πιπέρι για να φτιάξετε το ντρέσινγκ.
Περιχύνουμε με το dressing τη σαλάτα και ανακατεύουμε να ενωθούν.
4. Από πάνω ρίχνουμε ψιλοκομμένα τηγανητά wontons.

Σερβίρετε αμέσως.

38. Σαλάτα Wonton με κοτόπουλο στη σχάρα

ΣΥΣΤΑΤΙΚΑ

4 φλιτζάνια ανάμεικτα χόρτα
1 στήθος κοτόπουλου ψητό, κομμένο σε φέτες
1/2 φλιτζάνι καρότο σε φέτες
1/2 φλιτζάνι κόκκινη πιπεριά σε φέτες
1/4 φλιτζάνι κόλιαντρο ψιλοκομμένο
8 περιτυλίγματα wonton, τηγανητά και ψιλοκομμένα
Σάλτσα:

2 κουταλιές της σούπας ξύδι ρυζιού
1 κουταλιά της σούπας σάλτσα σόγιας
1 κουταλιά της σούπας μέλι
1 σκελίδα σκόρδο, ψιλοκομμένη
1/4 φλιτζάνι φυτικό λάδι
Αλάτι και πιπέρι για να γευτείς
Κατευθύνσεις:

Σε ένα μεγάλο μπολ, ανακατέψτε τα ανάμεικτα χόρτα, το ψητό στήθος κοτόπουλου σε φέτες, το καρότο σε φέτες, την κόκκινη πιπεριά σε φέτες και τον κόλιανδρο.

Σε ένα μικρό μπολ, χτυπήστε μαζί το ξύδι από ρύζι, τη σάλτσα σόγιας, το μέλι, το ψιλοκομμένο σκόρδο, το φυτικό λάδι, το αλάτι και το πιπέρι για να φτιάξετε το ντρέσινγκ.

Περιχύνουμε με το dressing τη σαλάτα και ανακατεύουμε να ενωθούν.

Από πάνω βάζουμε ψιλοκομμένα τηγανητά wontons.
Σερβίρετε αμέσως.

39. σαλάτα τόνου Wonton

ΣΥΣΤΑΤΙΚΑ

4 φλιτζάνια ανάμεικτα χόρτα
1/2 φλιτζάνι πικάντικος τόνος
1/2 φλιτζάνι αβοκάντο σε φέτες
1/2 φλιτζάνι αγγούρι κομμένο σε φέτες
1/4 φλιτζάνι πράσινο κρεμμύδι σε φέτες
8 περιτυλίγματα wonton, τηγανητά και ψιλοκομμένα
Σάλτσα:

2 κουταλιές της σούπας σάλτσα σόγιας
1 κουταλιά της σούπας ξύδι ρυζιού
1 κουταλιά της σούπας μέλι
1 σκελίδα σκόρδο, ψιλοκομμένη
1 κουταλιά της σούπας σησαμέλαιο
Αλάτι και πιπέρι για να γευτείς
Κατευθύνσεις:

Σε ένα μεγάλο μπολ, ανακατέψτε τα χόρτα, τον πικάντικο τόνο, το αβοκάντο σε φέτες, το αγγούρι σε φέτες και το πράσινο κρεμμύδι.

Σε ένα μικρό μπολ, χτυπήστε μαζί τη σάλτσα σόγιας, το ξύδι ρυζιού, το μέλι, το ψιλοκομμένο σκόρδο, το σησαμέλαιο, το αλάτι και το πιπέρι για να φτιάξετε το ντρέσινγκ.

Περιχύνουμε με το dressing τη σαλάτα και ανακατεύουμε να ενωθούν.
Από πάνω βάζουμε ψιλοκομμένα τηγανητά wontons.
Σερβίρετε αμέσως.

40. BBQ Chicken Wonton Salad

ΣΥΣΤΑΤΙΚΑ

4 φλιτζάνια ανάμεικτα χόρτα
1/2 φλιτζάνι κοτόπουλο BBQ, κομμένο σε φέτες
1/2 φλιτζάνι κόκκινο κρεμμύδι σε φέτες
1/2 φλιτζάνι αβοκάντο σε φέτες
1/4 φλιτζάνι κόλιαντρο ψιλοκομμένο
8 περιτυλίγματα wonton, τηγανητά και ψιλοκομμένα
Σάλτσα:

2 κουταλιές της σούπας σάλτσα BBQ
1 κουταλιά της σούπας ντρέσινγκ ranch
1 σκελίδα σκόρδο, ψιλοκομμένη
Αλάτι και πιπέρι για να γευτείς
Κατευθύνσεις:

Σε ένα μεγάλο μπολ, συνδυάστε ανάμεικτα χόρτα, κοτόπουλο BBQ σε φέτες, κόκκινο κρεμμύδι σε φέτες, αβοκάντο σε φέτες και κόλιανδρο.
Σε ένα μικρό μπολ, χτυπήστε μαζί τη σάλτσα μπάρμπεκιου, το dressing ranch, το ψιλοκομμένο σκόρδο, το αλάτι και το πιπέρι για να φτιάξετε το dressing.
Περιχύνουμε με το dressing τη σαλάτα και ανακατεύουμε να ενωθούν.
Από πάνω βάζουμε ψιλοκομμένα τηγανητά wontons.
Σερβίρετε αμέσως.

41. Σαλάτα Wonton με γαρίδες και μάνγκο

ΣΥΣΤΑΤΙΚΑ

4 φλιτζάνια ανάμεικτα χόρτα
1/2 φλιτζάνι μαγειρεμένες γαρίδες
1/2 φλιτζάνι μάνγκο κομμένο σε κύβους
1/4 φλιτζάνι κόκκινο κρεμμύδι σε κυβάκια
1/4 φλιτζάνι κόλιαντρο ψιλοκομμένο
8 περιτυλίγματα wonton, τηγανητά και ψιλοκομμένα
Σάλτσα:

2 κουταλιές της σούπας χυμό λάιμ
1 κουταλιά της σούπας μέλι
1 κουταλιά της σούπας ελαιόλαδο
1 σκελίδα σκόρδο, ψιλοκομμένη
Αλάτι και πιπέρι για να γευτείς
Κατευθύνσεις:

Σε ένα μεγάλο μπολ, συνδυάστε ανάμεικτα χόρτα, μαγειρεμένες γαρίδες, μάνγκο κομμένο σε κύβους, κόκκινο κρεμμύδι και κόλιανδρο.

Σε ένα μικρό μπολ, χτυπήστε μαζί το χυμό λάιμ, το μέλι, το ελαιόλαδο, το ψιλοκομμένο σκόρδο, το αλάτι και το πιπέρι για να φτιάξετε το ντρέσινγκ.

Περιχύνουμε με το dressing τη σαλάτα και ανακατεύουμε να ενωθούν.

Από πάνω βάζουμε ψιλοκομμένα τηγανητά wontons.

Σερβίρετε αμέσως.

42. Ταϊλανδική σαλάτα με φιστίκια Wonton

ΣΥΣΤΑΤΙΚΑ

4 φλιτζάνια ανάμεικτα χόρτα
1/2 φλιτζάνι μαγειρεμένο κοτόπουλο, κομμένο σε φέτες
1/4 φλιτζάνι αγγούρι κομμένο σε φέτες
1/4 φλιτζάνι κόκκινη πιπεριά κομμένη σε φέτες
1/4 φλιτζάνι καρότο σε φέτες
8 περιτυλίγματα wonton, τηγανητά και ψιλοκομμένα

Σάλτσα:
2 κουταλιές της σούπας φυστικοβούτυρο
1 κουταλιά της σούπας σάλτσα σόγιας
1 κουταλιά της σούπας ξύδι ρυζιού
1 κουταλιά της σούπας μέλι
1 σκελίδα σκόρδο, ψιλοκομμένη
1 κουταλιά της σούπας νερό
Αλάτι και πιπέρι για να γευτείς

Κατευθύνσεις:
Σε ένα μεγάλο μπολ, ανακατέψτε τα χόρτα, το μαγειρεμένο κοτόπουλο σε φέτες, το αγγούρι σε φέτες, την κόκκινη πιπεριά σε φέτες και το καρότο σε φέτες.

Σε ένα μικρό μπολ, χτυπήστε μαζί το φυστικοβούτυρο, τη σάλτσα σόγιας, το ξύδι ρυζιού, το μέλι, το ψιλοκομμένο σκόρδο, το νερό, το αλάτι και το πιπέρι για να φτιάξετε το ντρέσινγκ.

Περιχύνουμε με το dressing τη σαλάτα και ανακατεύουμε να ενωθούν.

Από πάνω βάζουμε ψιλοκομμένα τηγανητά wontons. Σερβίρετε αμέσως.

43. Σαλάτα Teriyaki Tofu Wonton

ΣΥΣΤΑΤΙΚΑ

4 φλιτζάνια ανάμεικτα χόρτα
1/2 φλιτζάνι τόφου τεριγιάκι, κομμένο σε φέτες
1/4 φλιτζάνι κόκκινο κρεμμύδι σε φέτες
1/4 φλιτζάνι καρότο σε φέτες
1/4 φλιτζάνι κόλιαντρο ψιλοκομμένο
8 περιτυλίγματα wonton, τηγανητά και ψιλοκομμένα
Σάλτσα:

2 κουταλιές της σούπας σάλτσα σόγιας
1 κουταλιά της σούπας ξύδι ρυζιού
1 κουταλιά της σούπας μέλι
1 σκελίδα σκόρδο, ψιλοκομμένη
1 κουταλιά της σούπας σησαμέλαιο
Αλάτι και πιπέρι για να γευτείς
Κατευθύνσεις:

Σε ένα μεγάλο μπολ, συνδυάστε ανάμεικτα χόρτα, τετριγιάκι τόφου σε φέτες, κόκκινο κρεμμύδι σε φέτες, καρότο σε φέτες και κόλιανδρο.

Σε ένα μικρό μπολ, χτυπήστε μαζί τη σάλτσα σόγιας, το ξύδι ρυζιού, το μέλι, το ψιλοκομμένο σκόρδο, το σησαμέλαιο, το αλάτι και το πιπέρι για να φτιάξετε το ντρέσινγκ.
Περιχύνουμε με το dressing τη σαλάτα και ανακατεύουμε να ενωθούν.

Από πάνω βάζουμε ψιλοκομμένα τηγανητά wontons.
Σερβίρετε αμέσως.

44. Σαλάτα Caprese Wonton

ΣΥΣΤΑΤΙΚΑ

4 φλιτζάνια ανάμεικτα χόρτα
1/2 φλιτζάνι ντοματίνια, κομμένα στη μέση
1/2 φλιτζάνι φρέσκες μπάλες μοτσαρέλας, κομμένες στη μέση
1/4 φλιτζάνι βασιλικός ψιλοκομμένος
8 περιτυλίγματα wonton, τηγανητά και ψιλοκομμένα
Σάλτσα:

2 κουταλιές της σούπας ξύδι βαλσάμικο
1 κουταλιά της σούπας ελαιόλαδο
Αλάτι και πιπέρι για να γευτείς
Κατευθύνσεις:

Σε ένα μεγάλο μπολ, συνδυάστε ανάμεικτα χόρτα, ντοματίνια, φρέσκια μοτσαρέλα και βασιλικό.
Σε ένα μικρό μπολ, χτυπήστε μαζί το βαλσάμικο, το ελαιόλαδο, το αλάτι και το πιπέρι για να φτιάξετε το ντρέσινγκ.
Περιχύνουμε με το dressing τη σαλάτα και ανακατεύουμε να ενωθούν.
Από πάνω βάζουμε ψιλοκομμένα τηγανητά wontons.
5. Σερβίρετε αμέσως.

45. σαλάτα τόνου Wonton

ΣΥΣΤΑΤΙΚΑ

4 φλιτζάνια ανάμεικτα χόρτα
1/2 φλιτζάνι κονσέρβα τόνου, στραγγισμένο
1/4 φλιτζάνι κόκκινο κρεμμύδι σε φέτες
1/4 φλιτζάνι αγγούρι κομμένο σε φέτες
1/4 φλιτζάνι κόλιαντρο ψιλοκομμένο
8 περιτυλίγματα wonton, τηγανητά και ψιλοκομμένα
Σάλτσα:

2 κουταλιές της σούπας σριράτσα
1 κουταλιά της σούπας ξύδι ρυζιού
1 κουταλιά της σούπας μέλι
1 σκελίδα σκόρδο, ψιλοκομμένη
Αλάτι και πιπέρι για να γευτείς
Κατευθύνσεις:

Σε ένα μεγάλο μπολ, συνδυάστε ανάμεικτα χόρτα, κονσέρβα τόνου, κόκκινο κρεμμύδι σε φέτες, αγγούρι σε φέτες και κόλιανδρο.

Σε ένα μικρό μπολ, χτυπήστε μαζί τη σριράτσα, το ξύδι ρυζιού, το μέλι, το ψιλοκομμένο σκόρδο, το αλάτι και το πιπέρι για να φτιάξετε το ντρέσινγκ.

Περιχύνουμε με το dressing τη σαλάτα και ανακατεύουμε να ενωθούν.

Από πάνω βάζουμε ψιλοκομμένα τηγανητά wontons.

Σερβίρετε αμέσως.

46. Σαλάτα Antipasto Wonton

ΣΥΣΤΑΤΙΚΑ

4 φλιτζάνια ανάμεικτα χόρτα
1/4 φλιτζάνι σαλάμι σε φέτες
1/4 φλιτζάνι πεπερόνι σε φέτες
1/4 φλιτζάνι τυρί προβολόνε σε φέτες
1/4 φλιτζάνι ψητές κόκκινες πιπεριές σε φέτες
8 περιτυλίγματα wonton, τηγανητά και ψιλοκομμένα
Σάλτσα:

2 κουταλιές της σούπας ξύδι από κόκκινο κρασί
1 κουταλιά της σούπας ελαιόλαδο
1 σκελίδα σκόρδο, ψιλοκομμένη
Αλάτι και πιπέρι για να γευτείς
Κατευθύνσεις:

Σε ένα μεγάλο μπολ, ανακατέψτε τα χόρτα, το σαλάμι σε φέτες, το πεπερόνι σε φέτες, το τυρί προβολόνε σε φέτες και τις ψητές κόκκινες πιπεριές σε φέτες.

Σε ένα μικρό μπολ, χτυπήστε μαζί το ξύδι από κόκκινο κρασί, το ελαιόλαδο, το ψιλοκομμένο σκόρδο, το αλάτι και το πιπέρι για να φτιάξετε το ντρέσινγκ.

Περιχύνουμε με το dressing τη σαλάτα και ανακατεύουμε να ενωθούν.

Από πάνω βάζουμε ψιλοκομμένα τηγανητά wontons.

Σερβίρετε αμέσως.

47. Σαλάτα Southwestern Wonton

ΣΥΣΤΑΤΙΚΑ

4 φλιτζάνια ανάμεικτα χόρτα
1/2 φλιτζάνι μαύρα φασόλια, ξεπλυμένα και στραγγισμένα
1/2 φλιτζάνι κόκκους καλαμποκιού
1/4 φλιτζάνι αβοκάντο κομμένο σε κύβους
1/4 φλιτζάνι κόκκινο κρεμμύδι σε κυβάκια
1/4 φλιτζάνι κόλιαντρο ψιλοκομμένο
8 περιτυλίγματα wonton, τηγανητά και ψιλοκομμένα
Σάλτσα:

2 κουταλιές της σούπας χυμό λάιμ
1 κουταλιά της σούπας ελαιόλαδο
1 σκελίδα σκόρδο, ψιλοκομμένη
1/2 κουταλάκι του γλυκού τσίλι σε σκόνη
Αλάτι και πιπέρι για να γευτείς
Κατευθύνσεις:

Σε ένα μεγάλο μπολ, συνδυάστε ανάμεικτα χόρτα, μαύρα φασόλια, κόκκους καλαμποκιού, αβοκάντο κομμένο σε κύβους, κόκκινο κρεμμύδι και ψιλοκομμένο κόλιαντρο.

Σε ένα μικρό μπολ, χτυπήστε μαζί το χυμό λάιμ, το ελαιόλαδο, το ψιλοκομμένο σκόρδο, τη σκόνη τσίλι, το αλάτι και το πιπέρι για να φτιάξετε το ντρέσινγκ.

Περιχύνουμε με το dressing τη σαλάτα και ανακατεύουμε να ενωθούν.

Από πάνω βάζουμε ψιλοκομμένα τηγανητά wontons. Σερβίρετε αμέσως.

48. σαλάτα Caesar Wonton

ΣΥΣΤΑΤΙΚΑ

4 φλιτζάνια μαρούλι romaine, ψιλοκομμένο
1/2 φλιτζάνι ψητό κοτόπουλο, κομμένο σε φέτες
1/4 φλιτζάνι ξυρισμένη παρμεζάνα
1/4 φλιτζανιού κρουτόν
8 περιτυλίγματα wonton, τηγανητά και ψιλοκομμένα
Σάλτσα:

2 κουταλιές της σούπας μαγιονέζα
1 κουταλιά της σούπας χυμό λεμονιού
1 σκελίδα σκόρδο, ψιλοκομμένη
1 κουταλάκι του γλυκού μουστάρδα Dijon
Αλάτι και πιπέρι για να γευτείς
Κατευθύνσεις:

Σε ένα μεγάλο μπολ, συνδυάστε το ψιλοκομμένο μαρούλι, το ψητό κοτόπουλο σε φέτες, την ξυρισμένη παρμεζάνα και τα κρουτόν.
Σε ένα μικρό μπολ, χτυπήστε ελαφρά τη μαγιονέζα, το χυμό λεμονιού, το ψιλοκομμένο σκόρδο, τη μουστάρδα Dijon, αλάτι και πιπέρι για να φτιάξετε το ντρέσινγκ.
3. Περιχύνουμε με το dressing τη σαλάτα και ανακατεύουμε να ενωθούν.

Από πάνω βάζουμε ψιλοκομμένα τηγανητά wontons.

Σερβίρετε αμέσως.

49. Ελληνική σαλάτα Wonton

ΣΥΣΤΑΤΙΚΑ

4 φλιτζάνια ανάμεικτα χόρτα
1/4 φλιτζάνι τυρί φέτα θρυμματισμένη
1/4 φλιτζάνι ελιές Καλαμών κομμένες σε φέτες
1/4 φλιτζάνι αγγούρι κομμένο σε φέτες
1/4 φλιτζάνι ντομάτες σε κύβους
8 περιτυλίγματα wonton, τηγανητά και ψιλοκομμένα
Σάλτσα:

2 κουταλιές της σούπας ξύδι από κόκκινο κρασί
1 κουταλιά της σούπας ελαιόλαδο
1 σκελίδα σκόρδο, ψιλοκομμένη
1/2 κουταλάκι του γλυκού αποξηραμένη ρίγανη
Αλάτι και πιπέρι για να γευτείς
Κατευθύνσεις:

Σε ένα μεγάλο μπολ ανακατεύουμε τα χόρτα, τη φέτα θρυμματισμένη, τις ελιές Καλαμών κομμένες σε φέτες, το αγγούρι σε φέτες και την ντομάτα κομμένη σε κύβους.

Σε ένα μικρό μπολ, χτυπήστε μαζί το ξύδι από κόκκινο κρασί, το ελαιόλαδο, το ψιλοκομμένο σκόρδο, τη ξερή ρίγανη, το αλάτι και το πιπέρι για να φτιάξετε το ντρέσινγκ.

Περιχύνουμε με το dressing τη σαλάτα και ανακατεύουμε να ενωθούν.

Από πάνω βάζουμε ψιλοκομμένα τηγανητά wontons.

Σερβίρετε αμέσως.

50. Σαλάτα Wonton με ψητό παντζάρι και κατσικίσιο τυρί

ΣΥΣΤΑΤΙΚΑ

4 φλιτζάνια ρόκα
1/2 φλιτζάνι ψητά παντζάρια, κομμένα σε φέτες
1/4 φλιτζάνι κατσικίσιο τυρί θρυμματισμένο
1/4 φλιτζανιού καρύδια ψιλοκομμένα
8 περιτυλίγματα wonton, τηγανητά και ψιλοκομμένα
Σάλτσα:

2 κουταλιές της σούπας ξύδι βαλσάμικο
1 κουταλιά της σούπας ελαιόλαδο
1 σκελίδα σκόρδο, ψιλοκομμένη
1 κουταλάκι του γλυκού μέλι
Αλάτι και πιπέρι για να γευτείς
Κατευθύνσεις:

Σε ένα μεγάλο μπολ, ανακατέψτε τη ρόκα, τα ψητά παντζάρια, το θρυμματισμένο κατσικίσιο τυρί και τα ψιλοκομμένα καρύδια.
Σε ένα μικρό μπολ, χτυπήστε ελαφρά το βαλσάμικο, το ελαιόλαδο, το ψιλοκομμένο σκόρδο, το μέλι, το αλάτι και το πιπέρι για να φτιάξετε το ντρέσινγκ.
Περιχύνουμε με το dressing τη σαλάτα και ανακατεύουμε να ενωθούν.
Από πάνω βάζουμε ψιλοκομμένα τηγανητά wontons.
Σερβίρετε αμέσως.

ΣΟΥΠΑ

51. Σούπα Keto Wonton

6 ουγγιές χοιρινό, χοντροκομμένο

🕐 8 μέτριες γαρίδες, χωρίς το κέλυφος και αλεσμένες

🕐 1 κουταλιά της σούπας κινέζικο κρασί ή ξηρό σέρι

🕐 2 κουταλιές της σούπας ελαφριά σάλτσα σόγιας

🕐 1 κουταλάκι του γλυκού κρεμμύδι ψιλοκομμένο

🕐 1 κουταλάκι του γλυκού φρέσκο τζίντζερ ψιλοκομμένο

🕐 24 περιτυλίγματα wonton

🕐 3 φλιτζάνια ζωμός κοτόπουλου

🕐 Κρεμμυδάκια ψιλοκομμένα, δύο γαρνιτούρες.

Σε ένα μπολ ανακατεύουμε το ψιλοκομμένο χοιρινό και τις αλεσμένες γαρίδες με το κρασί Ρύζι ή το σέρι, 1 T σάλτσας σόγιας, τα κρεμμύδια και το ψιλοκομμένο τζίντζερ. Ανακατεύουμε καλά και αφήνουμε στην άκρη για 25-30 λεπτά να ενωθούν οι γεύσεις.

Τοποθετούμε 1 t από τη γέμιση στο κέντρο κάθε περιτυλίγματος wonton.

Βρέξτε τις άκρες κάθε wonton με λίγο νερό και πιέστε τις μαζί με τα δάχτυλά σας για να σφραγιστούν και μετά διπλώστε κάθε wonton.

Για να μαγειρέψετε, βάζετε το ζωμό να πάρει βράση σε ένα γουόκ, προσθέτετε τα wontons και μαγειρεύετε για 4-5 λεπτά. Προσθέστε την υπόλοιπη σάλτσα σόγιας και το κρεμμύδι, μεταφέρετε σε ατομικά μπολ σούπας και σερβίρετε.

52. Κλασική σούπα ζωμού Wonton

ΣΥΣΤΑΤΙΚΑ

- 40 μεγάλα περιτυλίγματα wonton

ΓΙΑ ΤΗ ΓΕΜΙΣΗ WONTON - ΓΑΡΙΔΕΣ:

- 20 γαρίδες μεσαίου μεγέθους, καθαρισμένες και ξεφλουδισμένες, κομμένες στη μέση κατά μήκος
- ½ κουταλάκι του γλυκού αλάτι kosher
- ½ κουταλάκι του γλυκού άμυλο καλαμποκιού
- 1 κουταλάκι έξτρα παρθένο ελαιόλαδο

ΓΙΑ ΤΗ ΓΕΜΙΣΗ WONTON - ΧΟΙΡΙΝΟ:

- 1 κιλό 80% άπαχο κιμά χοιρινό
- 1 ½ κουταλιά της σούπας φρέσκο τζίντζερ, ψιλοκομμένο
- 1 κουταλιά της σούπας κρασί από ρύζι Shaoxing
- 2 κουταλιές της σούπας ελαφριά σάλτσα σόγιας
- 2 κουταλάκια του γλυκού άμυλο καλαμποκιού
- 1 κουταλάκι του γλυκού καστανή ζάχαρη
- 2 κουταλιές της σούπας έξτρα παρθένο ελαιόλαδο
- ½ κουταλάκι του γλυκού αλάτι kosher, χωρισμένο
- 6 ουγγιές κάρδαμο, ψιλοκομμένο (περίπου 4 φλιτζάνια)

ΓΙΑ ΤΗ ΒΑΣΗ ΣΟΥΠΑΣ ΖΩΜΟΥ WONTON:

- 8 φλιτζάνια ζωμός από κόκαλα κοτόπουλου (4 χαρτοκιβώτια)
- 2 φλιτζάνια νεροκάρδαμο ή άλλα επιθυμητά πράσινα λαχανικά (προαιρετικά)
- Αλάτι και πιπέρι για να γευτείς
- Πράσινο κρεμμύδι ψιλοκομμένο για γαρνίρισμα
- Ζεστό λάδι τσίλι ή σησαμέλαιο για το περιχύσιμο (προαιρετικά)

ΟΔΗΓΙΕΣ

α) **ΥΛΙΚΑ** της γέμισης γαρίδας σε ένα μικρό μπολ και ανακατεύουμε καλά. Αφήνω στην άκρη.

b) Συνδυάστε χοιρινό, τζίντζερ, κρασί Shaoxing, ελαφριά σάλτσα σόγιας, άμυλο καλαμποκιού και ζάχαρη σε ένα μεγάλο μπολ ανάμειξης. Ανακατέψτε καλά.
c) Προσθέστε ελαιόλαδο, αλάτι και κάρδαμο στο μείγμα χοιρινού κρέατος. Χρησιμοποιήστε και τα δύο σας χέρια για να ανακατέψετε όλα τα υλικά μαζί.
d) Ετοιμάζουμε μια επίπεδη επιφάνεια εργασίας πασπαλίζοντας με λίγο αλεύρι. Απλώστε το με το χέρι σας. Ετοιμάστε ένα μικρό μπολ με νερό στο πλάι.
e) Τώρα τυλίξτε τα wontons. Τοποθετήστε ένα περιτύλιγμα επίπεδη στην παλάμη του ενός χεριού σας, με τη στενή πλευρά προς το μέρος σας. Μαζέψτε περίπου 1 κουταλιά της σούπας γέμιση χοιρινού και τοποθετήστε το στο κέντρο του περιτυλίγματος wonton. Προσθέστε ένα κομμάτι γαρίδας από πάνω.
f) Ανασηκώνουμε τη στενή πλευρά του περιτυλίγματος και διπλώνουμε προς τη φαρδιά πλευρά του περιτυλίγματος, καλύπτοντας εντελώς τη γέμιση. Η στενή πλευρά θα πρέπει να ανεβαίνει μέχρι το σημείο όπου υπάρχει χώρος περίπου μισής ίντσας στη φαρδιά πλευρά.
g) Βυθίστε ελαφρά τον αντίχειρά σας στο νερό. Χρησιμοποιήστε τα δάχτυλά σας για να τσιμπήσετε τις στενές και φαρδιές πλευρές των περιτυλιγμάτων μαζί γύρω από τη γέμιση, στη συνέχεια λυγίστε το wonton σε σχήμα καπέλου νοσοκόμας, χρησιμοποιώντας τον βρεγμένο αντίχειρά σας για να πιέσετε τα δύο άκρα μεταξύ τους.
h) Επαναλάβετε με τα υπόλοιπα περιτυλίγματα και τοποθετήστε τα wontons στην επιφάνεια εργασίας σε μία στρώση με λίγη απόσταση μεταξύ τους.
i) Φέρτε μια μεγάλη κατσαρόλα με νερό να βράσει, προσθέστε τον αριθμό των wontons που θέλετε να

μαγειρέψετε. Τα αφήνουμε να βράσουν για περίπου 5 λεπτά μέχρι να επιπλεύσουν. Δοκιμάστε ένα για να δείτε αν έχει ψηθεί η γέμιση.

j) Ταυτόχρονα, σε μια άλλη κατσαρόλα βάζουμε το ζωμό από κόκκαλο κοτόπουλου (2 φλιτζάνια για 10-12 wontons) να βράσει. Προσθέστε λίγο κάρδαμο ή πράσινα λαχανικά που επιθυμείτε, όπως το baby bok choy. Μαγειρέψτε μέχρι να μαραθούν τα λαχανικά, περίπου 1-2 λεπτά. Καρικέψτε με αλάτι και πιπέρι βάσει της γεύσης σας.

k) Μεταφέρετε τη βάση της σούπας ζωμού σε ένα μπολ σερβιρίσματος και ρίξτε τα μαγειρεμένα wontons στο μπολ χρησιμοποιώντας μια τρυπητή κουτάλα. Γαρνίρετε με ψιλοκομμένα φρέσκα κρεμμυδάκια και περιχύνετε με καυτό λάδι τσίλι ή σησαμέλαιο αν θέλετε. Απολαμβάνω!

53. <u>Wonton Dumpling Soup</u>

Σερβίρισμα: 6

ΣΥΣΤΑΤΙΚΑ

- Περιτυλίγματα Wonton, είκοσι τέσσερα
- Κρεμμύδι ψιλοκομμένο, ένα κουτ.
- Τζίντζερ ψιλοκομμένο, ένα κουτ.
- Σάλτσα σόγιας, μία κ.σ.
- Καστανή ζάχαρη, ένα κουτ.
- Στήθος κοτόπουλου, τριμμένο, δύο
- Φρέσκο σπανάκι, ένα φλιτζάνι
- Γαρίδες, ένα κιλό
- Νεροκάστανα, οκτώ ουγγιές
- Μανιτάρια, κομμένα σε φέτες, ένα φλιτζάνι
- Κρασί από ρύζι, μια κ.σ.
- Χοιρινό κιμά, οκτώ ουγγιές

ΟΔΗΓΙΕΣ

a) Βράστε το ζωμό κοτόπουλου και μετά προσθέστε όλα τα υλικά.

b) Μαγειρέψτε μέχρι να ψηθούν το κοτόπουλο και οι γαρίδες, για περίπου 10 λεπτά.

c) Σε ένα μπολ ανακατεύουμε το χοιρινό, τις αλεσμένες γαρίδες, την καστανή ζάχαρη, το κρασί από ρύζι ή το σέρι, τη σάλτσα σόγιας, το κρεμμύδι και το ψιλοκομμένο τζίντζερ.

d) Ανακατεύουμε καλά και αφήνουμε στην άκρη για 25-30 λεπτά για να αναμειχθούν οι γεύσεις.

e) Προσθέστε ένα κουτ. από τη γέμιση στο κέντρο κάθε περιτυλίγματος wonton.

f) Βρέχουμε τις άκρες κάθε wonton με λίγο νερό και τις πιέζουμε με τα δάχτυλά μας να σφραγιστούν.

g) Για να μαγειρέψετε, προσθέστε wontons στον βραστό ζωμό κοτόπουλου και μαγειρέψτε για 4-5 λεπτά.

54. Wontons σε ελαφρύ ζωμό σουσαμιού-σόγιας με αρακά

Κάνει: 4 μερίδες

ΣΥΣΤΑΤΙΚΑ
WONTONS
2 φλιτζάνια λάχανο νάπα ψιλοκομμένο
2 κουταλιές της σούπας κίτρινο κρεμμύδι σε φέτες
¼ φλιτζάνι φρέσκα κρεμμυδάκια ψιλοκομμένα
1 κουταλιά της σούπας Nama Shoyu ή Bragg Liquid Amino
1 κουταλιά της σούπας καβουρδισμένο σησαμέλαιο
1 συνταγή Κρέπες μήλου, αφυδατωμένες σύμφωνα με τις οδηγίες
ΒΑΣΗ ΣΟΥΠΑΣ
½ φλιτζάνι αρακάς, φρέσκος ή κατεψυγμένος
4 φλιτζάνια νερό

ΟΔΗΓΙΕΣ
Για να φτιάξετε τη γέμιση wonton, τοποθετήστε το λάχανο, τα πράσινα κρεμμυδάκια, το Nama
Shoyu, και σησαμέλαιο σε ένα μπολ και ανακατέψτε να ανακατευτούν καλά. Αφήνουμε στην άκρη για τουλάχιστον 15 λεπτά να μαριναριστούν και να μαλακώσουν.
Για να φτιάξετε τα περιτυλίγματα wonton, κόψτε τις κρέπες μήλου σε δεκαέξι τετράγωνα 3½ ιντσών.
Για να γεμίσετε τα wontons, στύψτε πρώτα όλο το περιττό υγρό από τη μαριναρισμένη γέμιση, κρατώντας τη μαρινάδα για να τη χρησιμοποιήσετε στη βάση της σούπας. Στη συνέχεια, τοποθετήστε ένα κουταλάκι του γλυκού γέμιση στο κέντρο κάθε περιτυλίγματος wonton. Κρατήστε τη γυαλιστερή πλευρά του περιτυλίγματος προς τα πάνω. αυτή είναι η πλευρά που ήταν ενάντια στην επένδυση. Διπλώστε στη μέση διαγώνια για να κάνετε ένα σχήμα τριγώνου,

φροντίζοντας να συναντώνται οι άκρες. Πιέστε σταθερά προς τα κάτω τα άκρα για να σφραγιστούν. Βρέξτε τις γωνίες του τριγώνου σας βυθίζοντας την άκρη του δακτύλου σας σε ένα μικρό μπολ με νερό και φέρτε τα δύο άκρα μαζί έτσι ώστε να επικαλύπτονται. Πατήστε για να σφραγιστεί.

Για να φτιάξετε τη βάση της σούπας, ρίξτε τη μαρινάδα σε ένα μεγάλο μπολ, μαζί με τον αρακά και το νερό. Ανακατέψτε καλά. Τοποθετήστε την κουτάλα σε τέσσερα μπολ σερβιρίσματος. Προσθέστε τα wontons και σερβίρετε αμέσως.

55. Απλή σούπα wonton

ΣΥΣΤΑΤΙΚΑ

- 10 ουγγιές baby bok choy ή παρόμοιο πράσινο λαχανικό
- 1 φλιτζάνι κιμά χοιρινό
- 2 ½ κουταλιές της σούπας σησαμέλαιο
- Ρίψε λευκό πιπέρι
- 1 κουταλιά της σούπας καρυκευμένη σάλτσα σόγιας
- ½ κουταλάκι του γλυκού αλάτι
- 1 κουταλιά της σούπας κρασί Shaoxing
- 1 πακέτο δέρματα wonton
- 6 φλιτζάνια καλό ζωμό κοτόπουλου
- 1 κουταλιά της σούπας σησαμέλαιο
- Λευκό πιπέρι και αλάτι για γεύση
- 1 κρεμμύδι, ψιλοκομμένο

ΟΔΗΓΙΕΣ

a) Ξεκινήστε πλένοντας καλά τα λαχανικά. Βάζουμε μια μεγάλη κατσαρόλα με νερό να βράσει και ζεματίζουμε τα λαχανικά μέχρι να μαραθούν. Στραγγίζουμε και ξεπλένουμε με κρύο νερό. Πάρτε μια καλή μάζα λαχανικών και στύψτε προσεκτικά όσο περισσότερο νερό μπορείτε. Ψιλοκόβετε πολύ τα λαχανικά (μπορείτε επίσης να επιταχύνετε τη διαδικασία ρίχνοντάς τα στον πολυκόφτη).

b) Σε ένα μεσαίο μπολ, προσθέστε τα ψιλοκομμένα λαχανικά, τον κιμά χοιρινό, το σησαμέλαιο, το λευκό πιπέρι, τη σάλτσα σόγιας, το αλάτι και το κρασί Shaoxing. Ανακατεύουμε πολύ καλά μέχρι να γαλακτωματοποιηθεί το μείγμα—σχεδόν σαν πάστα.

c) Τώρα είναι η ώρα της συναρμολόγησης! Γεμίστε ένα μικρό μπολ με νερό. Πιάστε ένα περιτύλιγμα και χρησιμοποιήστε το δάχτυλό σας για να υγράνετε τις άκρες του περιτυλίγματος. Προσθέστε λίγο πάνω από ένα κουταλάκι του γλυκού γέμιση στη μέση. Διπλώστε το περιτύλιγμα στη μέση και πιέστε τις δύο πλευρές μεταξύ τους για να έχετε μια σταθερή σφράγιση.

d) Κρατήστε τις κάτω δύο γωνίες του μικρού ορθογωνίου που μόλις φτιάξατε και φέρτε τις δύο γωνίες μαζί. Μπορείτε να χρησιμοποιήσετε λίγο νερό για να βεβαιωθείτε ότι κολλάνε. Και τέλος! Συνεχίστε τη συναρμολόγηση μέχρι να φύγει όλη η γέμιση. Τοποθετήστε τα wontons σε ένα ταψί ή πιάτο στρωμένο με λαδόκολλα για να μην κολλήσουν.

e) Σε αυτό το σημείο, μπορείτε να καλύψετε τα wontons με πλαστική μεμβράνη, να βάλετε το ταψί/πιάτο στην κατάψυξη και να τα μεταφέρετε σε σακούλες Ziploc μόλις παγώσουν. Θα διατηρηθούν για μερικούς μήνες στην κατάψυξη και θα είναι έτοιμα για σούπα wonton όποτε το θέλετε.

f) Για να φτιάξετε τη σούπα, ζεστάνετε το ζωμό κοτόπουλου να σιγοβράσει και προσθέστε σησαμέλαιο, λευκό πιπέρι και αλάτι.

g) Φέρτε μια ξεχωριστή κατσαρόλα με νερό να βράσει. Προσθέστε προσεκτικά τα wontons ένα-ένα στην κατσαρόλα. Ανακατεύουμε για να μην κολλήσουν τα wontons στον πάτο. Εάν κολλήσουν, μην ανησυχείτε, θα πρέπει να έρθουν ελεύθερα μόλις ψηθούν. Τελειώνουν όταν επιπλέουν. Προσέχουμε να μην τα παραψήσουμε.

h) Αφαιρούμε τα wontons με μια τρυπητή κουτάλα και τα βάζουμε σε μπολ. Περιχύνουμε με τη σούπα τα wontons και γαρνίρουμε με ψιλοκομμένο κρεμμύδι. Σερβίρισμα!

56. Κλασική χοιρινή σούπα Wonton

ΣΥΣΤΑΤΙΚΑ

Περιτυλίγματα Wonton
1 κιλό κιμά χοιρινό
2 σκελίδες σκόρδο, ψιλοκομμένες
1 κουταλιά της σούπας σάλτσα σόγιας
1 κουταλιά της σούπας σησαμέλαιο
1 κουταλιά της σούπας κρασί από ρύζι
2 φρέσκα κρεμμυδάκια, ψιλοκομμένα
Αλάτι και πιπέρι για να γευτείς
6 φλιτζάνια ζωμό κότας

ΟΔΗΓΙΕΣ

Σε ένα μπολ ανακατεύουμε το κιμά χοιρινό, το σκόρδο, τη σάλτσα σόγιας, το σησαμέλαιο, το κρασί ρυζιού, τα πράσινα κρεμμυδάκια, αλάτι και πιπέρι.
Τοποθετήστε μια μικρή κουταλιά από το μείγμα χοιρινού στο κέντρο κάθε περιτυλίγματος wonton.
Βρέξτε τις άκρες του περιτυλίγματος wonton με νερό, διπλώστε στη μέση και πιέστε για να σφραγιστεί.
Σε μια κατσαρόλα βάζουμε τον ζωμό κότας να πάρει μια βράση.
Προσθέστε τα wontons στην κατσαρόλα και μαγειρέψτε για 5-7 λεπτά, ή μέχρι να επιπλεύσει στην επιφάνεια.
Σερβίρετε ζεστό.

57. Χορτοφαγική σούπα Wonton

ΣΥΣΤΑΤΙΚΑ

Περιτυλίγματα Wonton
1/2 φλιτζάνι μανιτάρια ψιλοκομμένα
1/2 φλιτζάνι καρότα ψιλοκομμένα
1/2 φλιτζάνι σέλινο ψιλοκομμένο
1/2 φλιτζάνι λάχανο ψιλοκομμένο
1/4 φλιτζάνι φρέσκα κρεμμυδάκια ψιλοκομμένα
2 σκελίδες σκόρδο, ψιλοκομμένες
1 κουταλιά της σούπας σάλτσα σόγιας
1 κουταλιά της σούπας σησαμέλαιο
6 φλιτζάνια ζωμό λαχανικών

ΟΔΗΓΙΕΣ

Σε ένα τηγάνι σοτάρουμε τα μανιτάρια, τα καρότα, το σέλινο, το λάχανο, τα φρέσκα κρεμμυδάκια και το σκόρδο για λίγα λεπτά.
Προσθέστε τη σάλτσα σόγιας και το σησαμέλαιο και συνεχίστε το μαγείρεμα μέχρι να μαλακώσουν τα λαχανικά.
Τοποθετήστε μια μικρή κουταλιά από το μείγμα λαχανικών στο κέντρο κάθε περιτυλίγματος wonton.
Βρέξτε τις άκρες του περιτυλίγματος wonton με νερό, διπλώστε στη μέση και πιέστε για να σφραγιστεί.
Σε μια κατσαρόλα βάζουμε τον ζωμό λαχανικών να πάρει μια βράση.
Προσθέστε τα wontons στην κατσαρόλα και μαγειρέψτε για 5-7 λεπτά, ή μέχρι να επιπλεύσει στην επιφάνεια.
Σερβίρετε ζεστό.

58. Σούπα Wonton με κοτόπουλο και λαχανικά

ΣΥΣΤΑΤΙΚΑ

Περιτυλίγματα Wonton
1/2 κιλό κιμά κοτόπουλου
1/2 φλιτζάνι μανιτάρια ψιλοκομμένα
1/2 φλιτζάνι καρότα ψιλοκομμένα
1/2 φλιτζάνι σέλινο ψιλοκομμένο
1/4 φλιτζάνι φρέσκα κρεμμυδάκια ψιλοκομμένα
2 σκελίδες σκόρδο, ψιλοκομμένες
1 κουταλιά της σούπας σάλτσα σόγιας
1 κουταλιά της σούπας σησαμέλαιο
6 φλιτζάνια ζωμό κότας

ΟΔΗΓΙΕΣ

Σε ένα τηγάνι σοτάρουμε το κιμά κοτόπουλο, τα μανιτάρια, τα καρότα, το σέλινο, τα φρέσκα κρεμμυδάκια και το σκόρδο για λίγα λεπτά.

Προσθέστε τη σάλτσα σόγιας και το σησαμέλαιο και συνεχίστε το μαγείρεμα μέχρι να μαλακώσουν τα λαχανικά και να ψηθεί το κοτόπουλο.

Τοποθετήστε μια μικρή κουταλιά από το μείγμα κοτόπουλου και λαχανικών στο κέντρο κάθε περιτυλίγματος wonton.

Βρέξτε τις άκρες του περιτυλίγματος wonton με νερό, διπλώστε στη μέση και πιέστε για να σφραγιστεί.

Σε μια κατσαρόλα βάζουμε τον ζωμό κότας να πάρει μια βράση.

Προσθέστε τα wontons στην κατσαρόλα και μαγειρέψτε για 5-7 λεπτά, ή μέχρι να επιπλεύσει στην επιφάνεια.

Σερβίρετε ζεστό.

59. Πικάντικη σούπα γαρίδας Wonton

ΣΥΣΤΑΤΙΚΑ

Περιτυλίγματα Wonton
1/2 κιλό γαρίδες, ξεφλουδισμένες και καθαρισμένες
1/2 φλιτζάνι μανιτάρια ψιλοκομμένα
1/2 φλιτζάνι καρότα ψιλοκομμένα
1/2 φλιτζάνι σέλινο ψιλοκομμένο
1/4 φλιτζάνι φρέσκα κρεμμυδάκια ψιλοκομμένα
2 σκελίδες σκόρδο, ψιλοκομμένες
1 κουταλιά της σούπας σάλτσα σόγιας
1 κουταλιά της σούπας σησαμέλαιο
1 κουταλιά της σούπας νιφάδες τσίλι (ή περισσότερες, για γεύση)
6 φλιτζάνια ζωμό κότας

ΟΔΗΓΙΕΣ

Σε ένα τηγάνι σοτάρουμε τις γαρίδες, τα μανιτάρια, τα καρότα, το σέλινο, τα φρέσκα κρεμμυδάκια και το σκόρδο για λίγα λεπτά.
Προσθέστε τη σάλτσα σόγιας, το σησαμέλαιο και τις νιφάδες τσίλι και συνεχίστε το μαγείρεμα μέχρι να μαλακώσουν τα λαχανικά και να ψηθούν οι γαρίδες.
Τοποθετήστε μια μικρή κουταλιά από το μείγμα γαρίδων και λαχανικών στο κέντρο κάθε περιτυλίγματος wonton.
Βρέξτε τις άκρες του περιτυλίγματος wonton με νερό, διπλώστε στη μέση και πιέστε για να σφραγιστεί.
Σε μια κατσαρόλα βάζουμε τον ζωμό κότας να πάρει μια βράση.
Προσθέστε τα wontons στην κατσαρόλα και μαγειρέψτε για 5-7 λεπτά, ή μέχρι να επιπλεύσει στην επιφάνεια.
Σερβίρετε ζεστό.

60. Ταϊλανδική σούπα Wonton Curry καρύδας

ΣΥΣΤΑΤΙΚΑ

Περιτυλίγματα Wonton
1/2 κιλό κιμά χοιρινό
1/2 φλιτζάνι μανιτάρια ψιλοκομμένα
1/2 φλιτζάνι καρότα ψιλοκομμένα
1/2 φλιτζάνι πιπεριά ψιλοκομμένη
2 σκελίδες σκόρδο, ψιλοκομμένες
1 κουταλιά της σούπας πάστα κόκκινο κάρυ
1 κουταλιά της σούπας σάλτσα ψαριού
1 κουταλιά της σούπας καστανή ζάχαρη
1 κουτί (13,5 oz) γάλα καρύδας
6 φλιτζάνια ζωμό κότας

ΟΔΗΓΙΕΣ

Σε ένα τηγάνι σοτάρουμε τον κιμά χοιρινό, τα μανιτάρια, τα καρότα, την πιπεριά και το σκόρδο για λίγα λεπτά.

Προσθέστε την πάστα κόκκινου κάρυ, τη σάλτσα ψαριού και την καστανή ζάχαρη και συνεχίστε το μαγείρεμα για άλλο ένα λεπτό.

Προσθέστε το γάλα καρύδας και το ζωμό κοτόπουλου, και αφήστε να πάρει μια βράση.

Τοποθετήστε μια μικρή κουταλιά από το μείγμα χοιρινού κρέατος και λαχανικών στο κέντρο κάθε περιτυλίγματος wonton.

Βρέξτε τις άκρες του περιτυλίγματος wonton με νερό, διπλώστε στη μέση και πιέστε για να σφραγιστεί.

Σε μια κατσαρόλα βάζουμε τη σούπα να πάρει μια βράση.

Προσθέστε τα wontons στην κατσαρόλα και μαγειρέψτε για 5-7 λεπτά, ή μέχρι να επιπλεύσει στην επιφάνεια.

Σερβίρετε ζεστό.

61. Σούπα Wonton με χοιρινό τζίντζερ

ΣΥΣΤΑΤΙΚΑ

Περιτυλίγματα Wonton
1 κιλό κιμά χοιρινό
2 σκελίδες σκόρδο, ψιλοκομμένες
2 κουταλιές της σούπας τριμμένο τζίντζερ
1 κουταλιά της σούπας σάλτσα σόγιας
1 κουταλιά της σούπας σησαμέλαιο
6 φλιτζάνια ζωμό κότας
1/4 φλιτζάνι φρέσκα κρεμμυδάκια ψιλοκομμένα

ΟΔΗΓΙΕΣ

Σε ένα μπολ αναμειγνύουμε το κιμά χοιρινό, το σκόρδο, το τζίντζερ, τη σάλτσα σόγιας, το σησαμέλαιο και τα πράσινα κρεμμυδάκια.

Τοποθετήστε μια μικρή κουταλιά από το μείγμα χοιρινού στο κέντρο κάθε περιτυλίγματος wonton.

Βρέξτε τις άκρες του περιτυλίγματος wonton με νερό, διπλώστε στη μέση και πιέστε για να σφραγιστεί.

Σε μια κατσαρόλα βάζουμε τον ζωμό κότας να πάρει μια βράση.

Προσθέστε τα wontons στην κατσαρόλα και μαγειρέψτε για 5-7 λεπτά, ή μέχρι να επιπλεύσει στην επιφάνεια.

Σερβίρετε ζεστό.

62. <u>Σούπα Wonton με γαρίδες σκόρδου</u>

ΣΥΣΤΑΤΙΚΑ

Περιτυλίγματα Wonton
1/2 κιλό γαρίδες, ξεφλουδισμένες και καθαρισμένες
2 σκελίδες σκόρδο, ψιλοκομμένες
1 κουταλιά της σούπας σάλτσα σόγιας
1 κουταλιά της σούπας σησαμέλαιο
6 φλιτζάνια ζωμό κότας
1/4 φλιτζάνι φρέσκα κρεμμυδάκια ψιλοκομμένα

ΟΔΗΓΙΕΣ

Σε ένα μπολ ανακατεύουμε τις γαρίδες, το σκόρδο, τη σάλτσα σόγιας, το σησαμέλαιο και τα πράσινα κρεμμυδάκια. Τοποθετήστε μια μικρή κουταλιά από το μείγμα γαρίδας στο κέντρο κάθε περιτυλίγματος wonton.
Βρέξτε τις άκρες του περιτυλίγματος wonton με νερό, διπλώστε στη μέση και πιέστε για να σφραγιστεί.
Σε μια κατσαρόλα βάζουμε τον ζωμό κότας να πάρει μια βράση.
Προσθέστε τα wontons στην κατσαρόλα και μαγειρέψτε για 5-7 λεπτά, ή μέχρι να επιπλεύσει στην επιφάνεια.
6. Σερβίρουμε ζεστό.

63. σούπα Szechuan Wonton

ΣΥΣΤΑΤΙΚΑ

Περιτυλίγματα Wonton
1/2 κιλό κιμά χοιρινό
1/4 φλιτζάνι φρέσκα κρεμμυδάκια ψιλοκομμένα
2 σκελίδες σκόρδο, ψιλοκομμένες
1 κουταλιά της σούπας σάλτσα σόγιας
1 κουταλιά της σούπας πάστα τσίλι
1 κουταλιά της σούπας hoisin sauce
1 κουταλιά της σούπας ξύδι ρυζιού
6 φλιτζάνια ζωμό κότας

ΟΔΗΓΙΕΣ

Σε ένα μπολ ανάμειξης, συνδυάστε το κιμά χοιρινό, τα πράσινα κρεμμυδάκια, το σκόρδο, τη σάλτσα σόγιας, την πάστα τσίλι, τη σάλτσα hoisin και το ξύδι ρυζιού.

Τοποθετήστε μια μικρή κουταλιά από το μείγμα χοιρινού στο κέντρο κάθε περιτυλίγματος wonton.

Βρέξτε τις άκρες του περιτυλίγματος wonton με νερό, διπλώστε στη μέση και πιέστε για να σφραγιστεί.

Σε μια κατσαρόλα βάζουμε τον ζωμό κότας να πάρει μια βράση.

Προσθέστε τα wontons στην κατσαρόλα και μαγειρέψτε για 5-7 λεπτά, ή μέχρι να επιπλεύσει στην επιφάνεια.

Σερβίρετε ζεστό.

64. Χορτοφαγική σούπα Wonton

ΣΥΣΤΑΤΙΚΑ

Περιτυλίγματα Wonton
1/4 φλιτζάνι ψιλοκομμένα μανιτάρια shiitake
1/4 φλιτζάνι καρότα ψιλοκομμένα
1/4 φλιτζάνι πιπεριά ψιλοκομμένη
1/4 φλιτζάνι φρέσκα κρεμμυδάκια ψιλοκομμένα
2 σκελίδες σκόρδο, ψιλοκομμένες
1 κουταλιά της σούπας σάλτσα σόγιας
1 κουταλιά της σούπας σησαμέλαιο
6 φλιτζάνια ζωμό λαχανικών

ΟΔΗΓΙΕΣ

Σε ένα τηγάνι σοτάρουμε τα μανιτάρια, τα καρότα, την πιπεριά, τα φρέσκα κρεμμυδάκια και το σκόρδο για λίγα λεπτά.

Προσθέστε τη σάλτσα σόγιας και το σησαμέλαιο και συνεχίστε το μαγείρεμα μέχρι να μαλακώσουν τα λαχανικά.

Τοποθετήστε μια μικρή κουταλιά από το μείγμα λαχανικών στο κέντρο κάθε περιτυλίγματος wonton.

Βρέξτε τις άκρες του περιτυλίγματος wonton με νερό, διπλώστε στη μέση και πιέστε για να σφραγιστεί.

Σε μια κατσαρόλα βάζουμε τον ζωμό λαχανικών να πάρει μια βράση.
Προσθέστε τα wontons στην κατσαρόλα και μαγειρέψτε για 5-7 λεπτά, ή μέχρι να επιπλεύσει στην επιφάνεια.
Σερβίρετε ζεστό.

65. Σούπα Wonton Chicken Lemongrass

ΣΥΣΤΑΤΙΚΑ

Περιτυλίγματα Wonton
1/2 κιλό κιμά κοτόπουλου
2 σκελίδες σκόρδο, ψιλοκομμένες
2 κουταλιές της σούπας κιμά λεμονόχορτο
1 κουταλιά της σούπας σάλτσα σόγιας
1 κουταλιά της σούπας σησαμέλαιο
6 φλιτζάνια ζωμό κότας
1/4 φλιτζάνι κόλιαντρο ψιλοκομμένο

ΟΔΗΓΙΕΣ

Σε ένα μπολ ανάμειξης, ανακατεύουμε το αλεσμένο κοτόπουλο, το σκόρδο, το λεμονόχορτο, τη σάλτσα σόγιας, το σησαμέλαιο και τον κόλιανδρο.

Τοποθετήστε μια μικρή κουταλιά από το μείγμα κοτόπουλου στο κέντρο κάθε περιτυλίγματος wonton.

Βρέξτε τις άκρες του περιτυλίγματος wonton με νερό, διπλώστε στη μέση και πιέστε για να σφραγιστεί.

Σε μια κατσαρόλα βάζουμε τον ζωμό κότας να πάρει μια βράση.

Προσθέστε τα wontons στην κατσαρόλα και μαγειρέψτε για 5-7 λεπτά, ή μέχρι να επιπλεύσει στην επιφάνεια.

Σερβίρετε ζεστό.

66. Γλυκόξινη χοιρινή σούπα Wonton

ΣΥΣΤΑΤΙΚΑ

Περιτυλίγματα Wonton
1/2 κιλό κιμά χοιρινό
2 σκελίδες σκόρδο, ψιλοκομμένες
1 κουταλιά της σούπας σάλτσα σόγιας
1 κουταλιά της σούπας σησαμέλαιο
1/4 φλιτζάνι φρέσκα κρεμμυδάκια ψιλοκομμένα
1/4 φλιτζάνι κομμάτια ανανά
1/4 φλιτζάνι κόκκινη πιπεριά, ψιλοκομμένη
1/4 φλιτζάνι ξύδι ρυζιού
1/4 φλιτζανιού καστανή ζάχαρη
6 φλιτζάνια ζωμό κότας

ΟΔΗΓΙΕΣ

Σε ένα μπολ αναμειγνύετε το κιμά χοιρινό, το σκόρδο, τη σάλτσα σόγιας, το σησαμέλαιο, τα πράσινα κρεμμυδάκια, τα κομμάτια ανανά και την κόκκινη πιπεριά.
2. Τοποθετήστε μια μικρή κουταλιά από το μείγμα χοιρινού στο κέντρο κάθε περιτυλίγματος wonton.

Βρέξτε τις άκρες του περιτυλίγματος wonton με νερό, διπλώστε στη μέση και πιέστε για να σφραγιστεί.

Σε μια κατσαρόλα βάζουμε τον ζωμό κότας να πάρει μια βράση.

Προσθέστε τα wontons στην κατσαρόλα και μαγειρέψτε για 5-7 λεπτά, ή μέχρι να επιπλεύσει στην επιφάνεια.

Σε ένα ξεχωριστό τηγάνι, συνδυάστε το ξύδι ρυζιού και την καστανή ζάχαρη και μαγειρέψτε σε μέτρια φωτιά μέχρι να διαλυθεί η ζάχαρη.

Ρίξτε τη γλυκόξινη σάλτσα στην κατσαρόλα με τη σούπα wonton και ανακατέψτε.

Σερβίρετε ζεστό.

67. Σούπα Wonton με γαρίδες Tom Yum

ΣΥΣΤΑΤΙΚΑ

Περιτυλίγματα Wonton
1/2 κιλό αλεσμένες γαρίδες
2 σκελίδες σκόρδο, ψιλοκομμένες
2 κουταλιές της σούπας κιμά λεμονόχορτο
1 κουταλιά της σούπας σάλτσα ψαριού
1 κουταλιά της σούπας χυμό λάιμ
2 φλιτζάνια νερό
2 φλιτζάνια ζωμό κότας
1/4 φλιτζάνι κόλιαντρο ψιλοκομμένο
1/4 φλιτζάνι μανιτάρια κομμένα σε φέτες
1/4 φλιτζάνι ψιλοκομμένες ντομάτες
1/4 φλιτζάνι φρέσκα κρεμμυδάκια ψιλοκομμένα

ΟΔΗΓΙΕΣ

Σε ένα μπολ ανάμειξης, ανακατεύουμε τις αλεσμένες γαρίδες, το σκόρδο, το λεμονόχορτο, τη σάλτσα ψαριού και το χυμό λάιμ.

Τοποθετήστε μια μικρή κουταλιά από το μείγμα γαρίδας στο κέντρο κάθε περιτυλίγματος wonton.

Βρέξτε τις άκρες του περιτυλίγματος wonton με νερό, διπλώστε στη μέση και πιέστε για να σφραγιστεί.

Σε μια κατσαρόλα βάζουμε το νερό και το ζωμό κότας να βράσουν.

Προσθέστε τα wontons στην κατσαρόλα και μαγειρέψτε για 5-7 λεπτά, ή μέχρι να επιπλεύσει στην επιφάνεια.

Προσθέστε τον κόλιανδρο, τα μανιτάρια, τις ντομάτες και τα φρέσκα κρεμμυδάκια στην κατσαρόλα και σιγοβράστε για άλλα 5 λεπτά.

Σερβίρετε ζεστό.

68. Σούπα Wonton Τουρκίας

ΣΥΣΤΑΤΙΚΑ

Περιτυλίγματα Wonton
1/2 κιλό αλεσμένη γαλοπούλα
2 σκελίδες σκόρδο, ψιλοκομμένες
1 κουταλιά της σούπας σάλτσα σόγιας
1 κουταλιά της σούπας σησαμέλαιο
6 φλιτζάνια ζωμό κότας
1/4 φλιτζάνι φρέσκα κρεμμυδάκια ψιλοκομμένα
1/4 φλιτζάνι μανιτάρια ψιλοκομμένα
1/4 φλιτζάνι καρότα ψιλοκομμένα

ΟΔΗΓΙΕΣ

Σε ένα μπολ ανάμειξης, ανακατεύουμε την αλεσμένη γαλοπούλα, το σκόρδο, τη σάλτσα σόγιας και το σησαμέλαιο. Τοποθετήστε μια μικρή κουταλιά από το μείγμα της γαλοπούλας στο κέντρο κάθε περιτυλίγματος wonton. Βρέξτε τις άκρες του περιτυλίγματος wonton με νερό, διπλώστε στη μέση και πιέστε για να σφραγιστεί.
4. Σε μια κατσαρόλα βάζουμε τον ζωμό κότας να πάρει μια βράση.

Προσθέστε τα wontons στην κατσαρόλα και μαγειρέψτε για 5-7 λεπτά, ή μέχρι να επιπλεύσει στην επιφάνεια.

Προσθέστε τα φρέσκα κρεμμυδάκια, τα μανιτάρια και τα καρότα στην κατσαρόλα και σιγοβράστε για άλλα 5 λεπτά.

Σερβίρετε ζεστό.

69. Σούπα Wonton Crab Rangoon

ΣΥΣΤΑΤΙΚΑ

Περιτυλίγματα Wonton
1/2 lb απομίμηση κρέατος καβουριού
4 ουγκιές τυρί κρέμα, μαλακωμένο
1 κουταλιά της σούπας σάλτσα σόγιας
1/4 φλιτζάνι φρέσκα κρεμμυδάκια ψιλοκομμένα
2 φλιτζάνια ζωμό κότας
2 φλιτζάνια νερό
1/4 φλιτζάνι βλαστοί μπαμπού σε φέτες

ΟΔΗΓΙΕΣ

Σε ένα μπολ ανάμειξης, συνδυάστε το απομίμηση κρέατος καβουριού, το τυρί κρέμα, τη σάλτσα σόγιας και τα πράσινα κρεμμυδάκια.

Τοποθετήστε μια μικρή κουταλιά από το μείγμα καβουριών στο κέντρο κάθε περιτυλίγματος wonton.

Βρέξτε τις άκρες του περιτυλίγματος wonton με νερό, διπλώστε στη μέση και πιέστε για να σφραγιστεί.

Σε μια κατσαρόλα βάζουμε το ζωμό κότας και το νερό να βράσουν.

Προσθέστε τα wontons στην κατσαρόλα και μαγειρέψτε για 5-7 λεπτά, ή μέχρι να επιπλεύσει στην επιφάνεια.

Προσθέστε τους βλαστούς μπαμπού στην κατσαρόλα και σιγοβράστε για άλλα 5 λεπτά.
Σερβίρετε ζεστό.

70. Πικάντικη σούπα βοείου κρέατος Wonton

ΣΥΣΤΑΤΙΚΑ

Περιτυλίγματα Wonton
1/2 κιλό μοσχαρίσιο κιμά
2 σκελίδες σκόρδο, ψιλοκομμένες
1 κουταλιά της σούπας σάλτσα σκόρδου τσίλι
2 φλιτζάνια ζωμό βοδινού
2 φλιτζάνια νερό
1/4 φλιτζάνι κόλιαντρο ψιλοκομμένο
1/4 φλιτζάνι πράσινα κρεμμύδια σε φέτες

ΟΔΗΓΙΕΣ

Σε ένα μπολ ανάμειξης, συνδυάστε τον κιμά, το σκόρδο και τη σάλτσα σκόρδου τσίλι.

Τοποθετήστε μια μικρή κουταλιά από το μείγμα του βοείου κρέατος στο κέντρο κάθε περιτυλίγματος wonton.

Βρέξτε τις άκρες του περιτυλίγματος wonton με νερό, διπλώστε στη μέση και πιέστε για να σφραγιστεί.

Σε μια κατσαρόλα βάζουμε το ζωμό του βοείου κρέατος και το νερό να βράσουν.

Προσθέστε τα wontons στην κατσαρόλα και μαγειρέψτε για 5-7 λεπτά, ή μέχρι να επιπλεύσει στην επιφάνεια.

Προσθέστε τον κόλιανδρο και τα πράσινα κρεμμυδάκια στην κατσαρόλα και σιγοβράστε για άλλα 5 λεπτά.

Σερβίρετε ζεστό.

71. Σούπα Wonton με γαρίδες και χτένι

ΣΥΣΤΑΤΙΚΑ

Περιτυλίγματα Wonton
1/4 κιλό γαρίδες, ξεφλουδισμένες και ξεφλουδισμένες
1/4 κιλό χτένια, κομμένα σε φέτες
1/4 φλιτζάνι ψιλοκομμένο bok choy
2 φλιτζάνια ζωμό κότας
2 φλιτζάνια νερό
1 κουταλάκι του γλυκού τζίντζερ, ψιλοκομμένο
1 κουταλάκι του γλυκού σκόρδο, ψιλοκομμένο
1/4 φλιτζάνι πράσινα κρεμμύδια σε φέτες

ΟΔΗΓΙΕΣ

Σε ένα μπολ ανάμειξης, συνδυάστε τις γαρίδες, τα χτένια, το bok choy, το τζίντζερ και το σκόρδο.

Τοποθετήστε μια μικρή κουταλιά από το μείγμα θαλασσινών στο κέντρο κάθε περιτυλίγματος wonton.

Βρέξτε τις άκρες του περιτυλίγματος wonton με νερό, διπλώστε στη μέση και πιέστε για να σφραγιστεί.

Σε μια κατσαρόλα βάζουμε το ζωμό κότας και το νερό να βράσουν.

Προσθέστε τα wontons στην κατσαρόλα και μαγειρέψτε για 5-7 λεπτά, ή μέχρι να επιπλεύσει στην επιφάνεια.

Προσθέστε τα φρέσκα κρεμμυδάκια στην κατσαρόλα και σιγοβράστε για άλλα 5 λεπτά.
Σερβίρετε ζεστό.

72. Σούπα Wonton με σάλτσα φυστικοβούτυρου

ΣΥΣΤΑΤΙΚΑ

Περιτυλίγματα Wonton
1/2 κιλό κιμά χοιρινό
2 σκελίδες σκόρδο, ψιλοκομμένες
1 κουταλιά της σούπας σάλτσα σόγιας
1 κουταλιά της σούπας σησαμέλαιο
2 φλιτζάνια ζωμό κότας
2 φλιτζάνια νερό
1/4 φλιτζάνι λείο φυστικοβούτυρο
1 κουταλιά της σούπας ξύδι ρυζιού
1 κουταλάκι του γλυκού μέλι
1/4 φλιτζάνι πράσινα κρεμμύδια σε φέτες

ΟΔΗΓΙΕΣ

Σε ένα μπολ αναμειγνύουμε το κιμά χοιρινό, το σκόρδο, τη σάλτσα σόγιας και το σησαμέλαιο.

Τοποθετήστε μια μικρή κουταλιά από το μείγμα χοιρινού στο κέντρο κάθε περιτυλίγματος wonton.

Βρέξτε τις άκρες του περιτυλίγματος wonton με νερό, διπλώστε στη μέση και πιέστε για να σφραγιστεί.

Σε μια κατσαρόλα βάζουμε το ζωμό κότας και το νερό να βράσουν.

Προσθέστε τα wontons στην κατσαρόλα και μαγειρέψτε για 5-7 λεπτά, ή μέχρι να επιπλεύσει στην επιφάνεια.

Σε ένα μικρό μπολ, χτυπήστε μαζί το φυστικοβούτυρο, το ξύδι ρυζιού, το μέλι και λίγο νερό για να φτιάξετε μια σάλτσα.

Σερβίρετε τα wontons σε μπολ με σούπα και περιχύστε από πάνω τη σάλτσα φυστικοβούτυρου. Γαρνίρουμε με φρέσκα κρεμμυδάκια.

73. Wonton σούπα με λαχανικά και noodles

ΣΥΣΤΑΤΙΚΑ

Περιτυλίγματα Wonton
1/2 κιλό κιμά κοτόπουλου
1 φλιτζάνι ψιλοκομμένο bok choy
1 φλιτζάνι μανιτάρια κομμένα σε φέτες
2 φλιτζάνια ζωμό κότας
2 φλιτζάνια νερό
1 κουταλιά της σούπας σάλτσα σόγιας
1 κουταλάκι του γλυκού σησαμέλαιο
2 φλιτζάνια μαγειρεμένα νουντλς αυγών
1/4 φλιτζάνι πράσινα κρεμμύδια σε φέτες

ΟΔΗΓΙΕΣ

Σε ένα μπολ ανάμειξης, ανακατεύουμε το κιμά κοτόπουλο, το bok choy και τα μανιτάρια.
Τοποθετήστε μια μικρή κουταλιά από το μείγμα κοτόπουλου στο κέντρο κάθε περιτυλίγματος wonton.
Βρέξτε τις άκρες του περιτυλίγματος wonton με νερό, διπλώστε στη μέση και πιέστε για να σφραγιστεί.
Σε μια κατσαρόλα βάζουμε το ζωμό κότας και το νερό να βράσουν.
Προσθέστε τα wontons στην κατσαρόλα και μαγειρέψτε για 5-7 λεπτά, ή μέχρι να επιπλεύσει στην επιφάνεια.
Προσθέστε τη σάλτσα σόγιας, το σησαμέλαιο και τα μαγειρεμένα χυλοπίτες αυγών στην κατσαρόλα και σιγοβράστε για άλλα 5 λεπτά.
Σερβίρετε ζεστό, γαρνίροντας με φρέσκα κρεμμυδάκια.

ΚΥΡΙΟ ΠΙΑΤΟ

74. Ραβιόλια με μασκαρπόνε & χτένια

Σερβίρετε 4

Συστατικά
- 12 μεγάλα χτένια
- 2 κουταλάκια του γλυκού ξύσμα λεμονιού
- 1 κουταλιά της σούπας χυμό λεμονιού
- 1 φλιτζάνι φρέσκια ντομάτα κομμένη σε κύβους
- 1 κουταλιά της σούπας ελαιόλαδο
- 2 κουταλιές της σούπας λευκό ξηρό κρασί
- 1/2 φλιτζάνι ζωμός ψαριού
- 1/2 φλιτζάνι κρέμα μαγειρέματος 35 τοις εκατό
- 2 ξηρά γαλλικά ασκαλώνια, ψιλοκομμένα
- 1 μικρή σκελίδα σκόρδο, ψιλοκομμένη
- 3 κουταλιές της σούπας βασιλικό ψιλοκομμένο

Για τα ραβιόλια
- 1 φλιτζάνι συν 2 κουταλιές της σούπας κρύο μασκαρπόνε
- 24 τετράγωνα περιτυλίγματα wonton
- 1 αυγό
- 1/2 κουταλάκι του γλυκού πιπέρι Espelette
- Αλάτι και φρεσκοτριμμένο πιπέρι για γεύση
- 1 κουταλιά της σούπας άμυλο καλαμποκιού

Κατευθύνσεις
a) Τρίβουμε το ξύσμα του λεμονιού σε λεπτές φέτες. Σε ένα μικρό μπολ βάζουμε το άμυλο καλαμποκιού. Χωρίζουμε το ασπράδι και τον κρόκο. Σε ένα μπολ βάζουμε το μασκαρπόνε, τον κρόκο, την πιπεριά Espelette, αλάτι και πιπέρι.
b) Προσθέστε ½ κουταλάκι του γλυκού το ξύσμα λεμονιού και τον βασιλικό και ανακατέψτε όλα τα υλικά μαζί.

c) Σε μια πετσέτα ατμού απλώστε τα περιτυλίγματα 12-Wonton και αλείψτε με το ασπράδι του αυγού. Τοποθετήστε 1 κουταλάκι του γλυκού γέμιση μασκαρπόνε στο κέντρο κάθε τετραγώνου και καλύψτε το καθένα με ένα δεύτερο τετράγωνο. Προσέχοντας πρώτα να βάλετε τα δάχτυλά σας στο άμυλο καλαμποκιού, πιέστε γύρω από τη γέμιση για να βγάλει αέρα και σφραγίστε τα πακέτα. Σκεπάζουμε και βάζουμε στο ψυγείο μέχρι να είναι έτοιμο για χρήση.
d) Όταν είστε έτοιμοι να σερβίρετε τα ραβιόλια, βάζετε νερό σε μια μεγάλη κατσαρόλα, αλατίζετε και αφήνετε να πάρει βράση. Σε ένα τηγάνι ρίχνουμε λίγο ελαιόλαδο, ζεσταίνουμε σε υψηλή θερμοκρασία και σοτάρουμε τα χτένια και από τις δύο πλευρές. Αποσύρουμε από τη φωτιά, τοποθετούμε τα χτένια σε ένα ταψί και τα αφήνουμε στην άκρη. Προθερμάνετε το φούρνο στους 350 F.
e) Ξαναβάζετε το τηγάνι στη φωτιά με λίγο ελαιόλαδο και σοτάρετε τα ασκαλώνια και το σκόρδο, αλλά μην τα χρωματίσετε. Σε δυνατή φωτιά σβήνουμε το τηγάνι με το λευκό κρασί. Ανακατεύουμε για λίγα λεπτά, προσθέτουμε το ζωμό ψαριού και μειώνουμε στο μισό. Προσθέτουμε την κρέμα γάλακτος και συνεχίζουμε το βράσιμο σε μέτρια φωτιά για να δέσει η σάλτσα.
f) Για να τελειώσετε τη σάλτσα, προσθέστε τις ντομάτες, το υπόλοιπο ½ κουταλάκι του γλυκού ξύσμα λεμονιού, τον βασιλικό και το χυμό λεμονιού. Αλατοπιπερώνουμε. Κλείστε τη θερμότητα.
g) Σε αυτό το σημείο, τοποθετήστε τα χτένια στο φούρνο για 4 με 5 λεπτά, ανάλογα με το μέγεθός τους, για να ολοκληρωθεί το μαγείρεμα. Ζεσταίνουμε τα πιάτα σερβιρίσματος. Ρίξτε προσεκτικά τα ραβιόλια σε αλατισμένο

βραστό νερό για 2 έως 3 λεπτά. Βγάζουμε από την κατσαρόλα με τρυπητή κουτάλα και στραγγίζουμε.
Αφαιρέστε τα χτένια από πάνω. Προσθέστε ό,τι χυμό χτένι υπάρχει στη σάλτσα. Αν σερβίρετε ως κύριο πιάτο, τοποθετήστε τρία ραβιόλια στο κέντρο κάθε πιάτου, τρία χτένια γύρω από τα wontons και περιχύστε με σάλτσα τα ραβιόλια.
h) Γαρνίρετε κάθε πιάτο με ένα φύλλο βασιλικού και φρεσκοτριμμένο πιπέρι.

75. Χαβάης Τόνος στη σχάρα με φύκια

Φτιάχνει: 2 μερίδες

ΣΥΣΤΑΤΙΚΑ

- ½ φλιτζάνι σάλτσα σόγιας
- 3 κουταλιές της σούπας μέλι
- 1 κουταλιά της σούπας ψιλοκομμένο φρέσκο τζίντζερ
- 2 κουταλάκια του γλυκού ψιλοκομμένο σκόρδο
- Φρεσκοτριμμένο μαύρο πιπέρι για γεύση.
- 2 μπριζόλες τόνου
- 2 κουταλιές της σούπας ξύδι από κρασί ρυζιού
- 2 κουταλιές της σούπας σάλτσα σόγιας
- 2 κουταλιές της σούπας χυμό λεμονιού
- ½ κουταλάκι του γλυκού τριμμένη φλούδα λεμονιού
- 1 κουταλιά της σούπας ψιλοκομμένο φρέσκο τζίντζερ
- 1 κουταλάκι του γλυκού ψιλοκομμένο σκόρδο
- 2 κουταλιές της σούπας ψιλοκομμένο κρεμμύδι
- ¼ κουταλάκι του γλυκού Νιφάδες κόκκινης πιπεριάς
- ¼ φλιτζάνι ελαιόλαδο
- ½ συσκευασία περιτυλίγματα Wonton
- Φυτικό λάδι για τηγάνισμα
- ¼ φλιτζάνι Φύκια
- ½ φλιτζάνι φύλλα ραντίτσιο Bitesize
- ½ φλιτζάνι αντίδι σε φέτες
- ½ φλιτζάνι φύλλα baby σπανάκι
- 2 κουταλιές της σούπας κίτρινο πιπέρι
- 2 κουταλιές της σούπας ζουλιέν κόκκινο πιπέρι
- Φύτρα ραπανιού
- Τζίντζερ τουρσί
- Χρυσό χαβιάρι
- Ελαφρύ σουσάμι
- Σκούρο σουσάμι

ΟΔΗΓΙΕΣ

a) Σε ένα μπολ ανακατεύουμε τα πρώτα 5 υλικά .

b) Βάζουμε τις μπριζόλες τόνου σε ένα ταψί και περιχύνουμε με το μείγμα, καλύπτοντας τον τόνο από όλες τις πλευρές. Μαρινάρετε τα ψάρια για 15 λεπτά.

c) Στη συνέχεια μεταφέρετε τον μαριναρισμένο τόνο σε θερμαινόμενη σχάρα και ψήνετε στο γκριλ για 1-2 λεπτά από κάθε πλευρά. Σε ένα μπολ χτυπάμε όλα τα υλικά για τη σάλτσα.

d) Ζεσταίνουμε το τηγανέλαιο στους 350 βαθμούς. Κόβουμε τα περιτυλίγματα wonton σε λωρίδες julienne και τα τηγανίζουμε μέχρι να ροδίσουν.

e) Τα στραγγίζουμε σε απορροφητικό χαρτί. Σε ένα μπολ ανακατεύουμε τα φύκια, τα φύλλα ραντίτσιο, το αντίδι σε φέτες, τα φύλλα baby σπανάκι, την κίτρινη πιπεριά ζουλιέν και την κόκκινη πιπεριά.

f) Τοποθετήστε τα φύκια και τα χόρτα στο κέντρο των 2 πιάτων σερβιρίσματος και από πάνω τους τις τηγανισμένες λωρίδες wonton. Περιχύστε με λίγη από τη σάλτσα, προσθέστε τον τόνο και περιχύστε περισσότερη σάλτσα.

g) Γαρνίρετε με ένα μικρό σύμπλεγμα από φύτρα ραπανάκι, τζίντζερ τουρσί, tobiko, ανοιχτόχρωμο σουσάμι, σκούρο σουσάμι και χρυσό χαβιάρι.

76. Ψητά λαχανικά και θαλασσινά

Απόδοση: 6 μερίδες

Συστατικό
- 1 φάκελος μείγμα σούπας λαχανικών
- 15 ουγγιές μαύρο πιπέρι
- 40 περιτυλίγματα wonton
- τυρί ρικότα
- $\frac{1}{2}$ κιλό απομίμηση καβουριού, ψιλοκομμένο
- $\frac{1}{4}$ κουταλάκι του γλυκού σκόνη σκόρδου
- $\frac{1}{8}$ κουταλάκι του γλυκού
- 1 κουταλιά της σούπας φυτικό ή ελαιόλαδο

a) Προθερμάνετε το φούρνο στους 350~F.
b) Σε ένα μεσαίο μπολ, συνδυάστε το μείγμα σούπας, το τυρί, το καβούρι, τη σκόνη σκόρδου και το πιπέρι Τοποθετήστε 1 κουταλιά της σούπας μείγμα στο κέντρο κάθε Wonton. Βουρτσίστε τις άκρες με νερό. Διπλώστε κάθε γωνία στο κέντρο και πιέστε για να σφραγιστεί.
c) Τακτοποιήστε την πλευρά της ραφής προς τα κάτω σε ελαφρώς λαδωμένο φύλλο μπισκότων. αλείψτε τα wontons με λάδι. Ψήστε για 25 λεπτά ή μέχρι να γίνει τραγανό και να ροδίσει, γυρίζοντας μια φορά.

77. Γουόντον λαχανικών και θαλασσινών

Απόδοση: 6 μερίδες
Συστατικό
- 1 φάκελος μείγμα σούπας λαχανικών
- 15 ουγγιές τυρί ρικότα
- $\frac{1}{2}$ κιλό απομίμηση καβουριού, ψιλοκομμένο
- $\frac{1}{4}$ κουταλάκι του γλυκού σκόνη σκόρδου
- $\frac{1}{8}$ κουταλάκι του γλυκού μαύρο πιπέρι
- 40 περιτυλίγματα wonton
- 1 κουταλιά της σούπας φυτικό ή ελαιόλαδο

Σε ένα μεσαίο μπολ, συνδυάστε το μείγμα σούπας, το τυρί, το καβούρι, τη σκόνη σκόρδου και το πιπέρι Τοποθετήστε 1 κουταλιά της σούπας μείγμα στο κέντρο κάθε Wonton. Βουρτσίστε τις άκρες με νερό. Διπλώστε κάθε γωνία στο κέντρο και πιέστε για να σφραγιστεί.

Τακτοποιήστε την πλευρά της ραφής προς τα κάτω σε ελαφρώς λαδωμένο φύλλο μπισκότων. αλείψτε τα wontons με λάδι. Ψήστε για 25 λεπτά ή μέχρι να γίνει τραγανό και να ροδίσει, γυρίζοντας μια φορά.

78. Wontons πάπιας και τζίντζερ

Κάνει: 1 μερίδα

ΣΥΣΤΑΤΙΚΑ

- 1 συσκευασία περιτυλίγματα Wonton
- 1 στήθος πάπιας? ξεφλουδισμένο, ρινική αφαίρεση
- 2 κουταλιές της σούπας διατηρημένο τζίντζερ
- 1 κουταλιά της σούπας σάλτσα σόγιας
- 2 κουταλιές της σούπας κόλιανδρο; ψιλοκομμένο
- Ηλιέλαιο για βαθύ τηγάνισμα
- 1 Τσίλι; ψιλοκομμένο
- 2 σκελίδες σκόρδο? ψιλοκομμένο
- 2 κουταλιές της σούπας Ζάχαρη
- 2 κουταλιές της σούπας ξύδι ρυζιού

a) Ανακατεύουμε την πάπια με το τζίντζερ, τη σόγια και τον κόλιανδρο και βάζουμε κουταλάκια του γλυκού σε δύο περιτυλίγματα, τρία κάθε φορά, βράζουμε και κλείνουμε.
b) Πλάθουμε τρίγωνα ή σακούλες με χρήματα και τηγανίζουμε στο λάδι μέχρι να ροδίσουν.
c) Στεγνώστε σε χαρτί κουζίνας και σερβίρετε με μια σάλτσα.
d) Για να κάνετε τη σάλτσα να βράσουν όλα τα υλικά μαζί μέχρι να πήξει.

79. Go Gees with Ground Turkey

- 1 ½ φλιτζάνι αλεσμένη γαλοπούλα
- 1 ½ κουταλιά της σούπας σάλτσα στρειδιών
- 2 κουταλάκια του γλυκού σάλτσα σόγιας
- 1 κουταλάκι του γλυκού σησαμέλαιο
- 1 ½ φρέσκα κρεμμυδάκια, ψιλοκομμένα
- 1 κουταλιά της σούπας ψιλοκομμένο τζίντζερ
- 1 συσκευασία στρογγυλά περιτυλίγματα wonton (gyoza).
- 4-6 φλιτζάνια λάδι για το τηγάνισμα

Συνδυάστε την αλεσμένη γαλοπούλα, τη σάλτσα στρειδιών, τη σάλτσα σόγιας, το σησαμέλαιο, τα πράσινα κρεμμυδάκια και το τζίντζερ.

Προσθέστε λάδι σε ένα προθερμασμένο γουόκ και θερμαίνετε στους 375°F. Τυλίξτε τις γόβες ενώ περιμένετε να ζεσταθεί το λάδι. Τοποθετούμε 1 κουταλάκι του γλυκού γέμιση στη μέση του περιτυλίγματος. Βρέχουμε τις άκρες του περιτυλίγματος, διπλώνουμε πάνω από τη γέμιση και σφραγίζουμε, τσακίζοντας τις άκρες. Συνεχίστε με τα υπόλοιπα wontons. Καλύψτε τα ολοκληρωμένα wontons με μια πετσέτα ατμού για να αποφύγετε το στέγνωμα.

Σύρετε προσεκτικά τις γόβες στο γουόκ, μερικές κάθε φορά. Τηγανίζουμε μέχρι να ροδίσουν (περίπου 2 λεπτά). Το βγάζουμε με τρυπητή κουτάλα και το στραγγίζουμε σε απορροφητικό χαρτί.

80. Αυτοκόλλητα κατσαρόλας με κρασί από ρύζι Konjac

- 1 ½ φλιτζάνι κιμά χοιρινό
- 3 κουταλάκια του γλυκού κρασί από κινέζικο ρύζι ή ξηρό σέρι
- 3 κουταλάκια του γλυκού σάλτσα σόγιας
- 1 ½ κουταλάκι του γλυκού σησαμέλαιο
- 1 ½ κουταλιά της σούπας ψιλοκομμένο κρεμμύδι
- 1 συσκευασία στρογγυλά περιτυλίγματα wonton (gyoza).
- ½ φλιτζάνι νερό για το βραστό αυτοκόλλητα κατσαρόλας
- Λάδι για τηγάνισμα όσο χρειάζεται

Συνδυάστε το κιμά χοιρινό, το κρασί από ρύζι Konjac, τη σάλτσα σόγιας, το σησαμέλαιο και το ψιλοκομμένο κρεμμύδι. Για να φτιάξετε τα αυτοκόλλητα της κατσαρόλας: Τοποθετήστε 1 κουταλάκι του γλυκού γέμιση στη μέση του περιτυλίγματος. Βρέχουμε τις άκρες του περιτυλίγματος, διπλώνουμε πάνω από τη γέμιση και σφραγίζουμε, τσακίζοντας τις άκρες. Συνεχίστε με τα υπόλοιπα potstickers. Καλύψτε τα ολοκληρωμένα αυτοκόλλητα με μια πετσέτα ατμού για να μην στεγνώσουν.

Προσθέστε 2 κουταλιές της σούπας λάδι σε ένα προθερμασμένο γουόκ ή τηγάνι (1 κουταλιά της σούπας αν χρησιμοποιείτε αντικολλητικό τηγάνι). Όταν το λάδι είναι ζεστό, προσθέστε μερικά από τα potstickers, με λεία πλευρά προς τα κάτω. Μην τηγανίζετε, αλλά αφήνετε να ψηθεί για περίπου 1 λεπτό.

Προσθέστε ½ φλιτζάνι νερό. Μην αναποδογυρίζετε τα potstickers. Μαγειρέψτε, σκεπασμένο, μέχρι να απορροφηθούν τα περισσότερα υγρά. Ξεσκεπάζουμε και μαγειρεύουμε μέχρι να εξατμιστούν τα υγρά.

Χαλαρώστε τα potstickers με μια σπάτουλα και σερβίρετε με την καμένη πλευρά προς τα επάνω. Σερβίρουμε με Potsticker Dipping Sauce

81. Παραδοσιακά Gow Gees

- ¼ λίβρα (4 ουγγιές) γαρίδες
- 3 μέτρια αποξηραμένα μανιτάρια
- 1 φλιτζάνι κιμά χοιρινό
- 1 φύλλο λάχανου νάπα, τριμμένο
- 1 ½ φρέσκα κρεμμυδάκια, κομμένα σε λεπτές φέτες
- ¼ κουταλάκι του γλυκού ψιλοκομμένο τζίντζερ
- 2 κουταλάκια του γλυκού κρασί από κινέζικο ρύζι ή ξηρό σέρι
- 2 κουταλάκια του γλυκού σάλτσα σόγιας
- 1 κουταλάκι του γλυκού σησαμέλαιο
- 1 συσκευασία στρογγυλά περιτυλίγματα wonton (gyoza).
- 4-6 φλιτζάνια λάδι για το τηγάνισμα

Πλένουμε, devein και ψιλοκόβουμε τις γαρίδες. Μουλιάζουμε τα αποξηραμένα μανιτάρια σε ζεστό νερό για τουλάχιστον 20 λεπτά για να μαλακώσουν. Τα στραγγίζουμε, αφαιρούμε τα κοτσάνια και τα κόβουμε σε λεπτές φέτες.

Συνδυάστε το κιμά χοιρινό, τις γαρίδες, το λάχανο, τα πράσινα κρεμμυδάκια, τα αποξηραμένα μανιτάρια, το τζίντζερ, το κρασί από ρύζι Konjac, τη σάλτσα σόγιας και το σησαμέλαιο.

Προσθέστε λάδι σε ένα προθερμασμένο γουόκ και θερμαίνετε στους 375°F. Τυλίξτε τις γόβες ενώ περιμένετε να ζεσταθεί το λάδι. Τοποθετούμε 1 κουταλάκι του γλυκού γέμιση στη μέση του περιτυλίγματος. Βρέχουμε τις άκρες του περιτυλίγματος, διπλώνουμε πάνω από τη γέμιση και σφραγίζουμε, τσακίζοντας τις άκρες. Συνεχίστε με τα υπόλοιπα wontons. Καλύψτε τα ολοκληρωμένα wontons με μια πετσέτα ατμού για να αποφύγετε το στέγνωμα.

Σύρετε προσεκτικά τις γόβες στο γουόκ, μερικές κάθε φορά. Τηγανίζουμε μέχρι να ροδίσουν (περίπου 2 λεπτά). Το βγάζουμε με τρυπητή κουτάλα και το στραγγίζουμε σε απορροφητικό χαρτί.

82. Dumplings Siu Mai

- ¼ λίβρα (4 ουγγιές) φρέσκες γαρίδες
- 3 μέτρια αποξηραμένα μανιτάρια
- 1 φλιτζάνι κιμά χοιρινό
- 1 ½ φρέσκα κρεμμυδάκια, κομμένα σε λεπτές φέτες
- ½ φλιτζάνι κονσερβοποιημένα βλαστάρια μπαμπού, ψιλοκομμένα
- 2 κουταλάκια του γλυκού σάλτσα στρειδιών
- 2 κουταλάκια του γλυκού σάλτσα σόγιας
-
- 1 κουταλάκι του γλυκού σησαμέλαιο
- 1 συσκευασία Siu Mai ή wonton περιτυλίγματα
- Λάδι για επίστρωση ανθεκτική στη θερμότητα πλάκα

Πλένουμε και αφαιρούμε τις γαρίδες και τις ψιλοκόβουμε. Μουλιάζουμε τα αποξηραμένα μανιτάρια σε ζεστό νερό για τουλάχιστον 20 λεπτά για να μαλακώσουν. Τα στραγγίζουμε, αφαιρούμε τα κοτσάνια και τα κόβουμε σε λεπτές φέτες.

Συνδυάστε το κιμά χοιρινό, τις γαρίδες, τα πράσινα κρεμμυδάκια, τα αποξηραμένα μανιτάρια, τους βλαστούς μπαμπού, τη σάλτσα στρειδιών, τη σάλτσα σόγιας και το σησαμέλαιο.

Για να τυλίξετε το Siu Mai: Τοποθετήστε 2 κουταλάκια του γλυκού γέμιση στη μέση του περιτυλίγματος. **Μην** διπλώνετε το περιτύλιγμα πάνω από τη γέμιση. Συγκεντρώστε τις άκρες του περιτυλίγματος και πιέστε απαλά τα πλαϊνά, ώστε να σχηματίσει ένα καλάθι, με το πάνω μέρος ανοιχτό.

Επαλείψτε ελαφρά με λάδι μια πλάκα ανθεκτική στη θερμότητα. Τοποθετούμε τα ζυμαρικά στο πιάτο. Τοποθετήστε το πιάτο σε έναν ατμομάγειρα από μπαμπού σε ένα γουόκ που έχει ρυθμιστεί για ατμό. Βράζετε τα ζυμαρικά στον ατμό για 5-10 λεπτά ή μέχρι να ψηθούν.

83. <u>Ζυμαρικά μοσχαρίσιο στον ατμό</u>

- 8 ουγγιές. Άπαχο μοσχαρίσιο κιμά
- 1 1/2 κουταλιά της σούπας σάλτσα σόγιας
- 1 κουταλιά της σούπας κόλιανδρος ψιλοκομμένος 1 κουταλάκι του γλυκού ψιλοκομμένη ρίζα τζίντζερ 1 κουταλάκι του γλυκού άμυλο καλαμποκιού
- 1/2 κουταλάκι του γλυκού Φυστικέλαιο
- 20 στρογγυλά περιτυλίγματα wonton Νερό
- Βεντάλια κρεμμυδιού για γαρνιτούρα Ραπανάκι για γαρνιτούρα

Σε ένα μικρό μπολ, συνδυάστε το βόειο κρέας, τη σάλτσα σόγιας, τον κόλιαντρο, τη ρίζα τζίντζερ, το άμυλο καλαμποκιού και το λάδι. Τοποθετήστε 10 περιτυλίγματα wonton στην επιφάνεια εργασίας. Τοποθετήστε 2 κουταλάκια του γλυκού γέμιση στο κέντρο κάθε περιτυλίγματος wonton. Βρέξτε κάθε περιτύλιγμα wonton. Βρέξτε ολόκληρη την άκρη με νερό. Ανασηκώστε και τις δύο πλευρές του περιτυλίγματος και πιέστε μαζί πάνω από τη γέμιση, μαζεύοντας τις άκρες και πιέζοντας τα περιτυλίγματα. τσιμπήστε για να σφραγίσετε. Συνεχίζουμε με τα υπόλοιπα περιτυλίγματα και τη γέμιση.
Σε καθένα από τα δύο μεγάλα τηγάνια, βράστε 2 φλιτζάνια νερό. Μειώστε τη θερμότητα σε μέτρια. προσθέστε ζυμαρικά και μην τα αφήνετε να τα αγγίξετε.
Καλύψτε ελαφρά και βράστε στον ατμό μέχρι να σφίξουν τα ζυμαρικά και να μαλακώσουν τα περιτυλίγματα, για 15 λεπτά. Σερβίρετε αμέσως.
Γαρνίρετε την πιατέλα σερβιρίσματος με ανεμιστήρες κρεμμυδιού και λουλούδι ραπανάκι

84. Ανάμεικτα ραβιόλια λουλουδιών και τυριών

Κάνει: 1 μερίδα

ΣΥΣΤΑΤΙΚΑ

- 12 δέρματα wonton
- 1 αυγό χτυπημένο για να σφραγιστούν τα ραβιόλια
- 1 φλιτζάνι ανάμεικτα πέταλα λουλουδιών
- ⅓ φλιτζάνι τυρί Ricotta
- ⅓ φλιτζάνι τυρί μασκαρπόνε
- 4 κουταλιές της σούπας βασιλικός ψιλοκομμένος
- 1 κουταλιά της σούπας σχοινόπρασο ψιλοκομμένο
- 1 κουταλάκι του γλυκού κόλιαντρο ψιλοκομμένο
- ⅓ φλιτζάνι ψωμί από μαλακό σταρένιο, θρυμματισμένο
- 1 ½ κουταλάκι του γλυκού Αλάτι
- ½ κουταλάκι του γλυκού πάστα κόκκινου τσίλι
- 12 πανσέδες ολόκληρες

ΟΔΗΓΙΕΣ

a) Ανακατεύουμε όλα τα υλικά, εκτός από ολόκληρους πανσέδες. Για την προετοιμασία, απλώστε το δέρμα wonton σε μια επιφάνεια.

b) Τοποθετήστε 1 ½ κουταλάκι του γλυκού γέμιση στη μέση της πέτσας wonton, από πάνω 1 ολόκληρο πανσές.

c) Βρέξτε τις άκρες με χτυπημένο αυγό και καλύψτε με μια άλλη φλούδα wonton.

d) Μαγειρέψτε βράζοντας σε νερό ή ζωμό λαχανικών για περίπου 1½ λεπτό.

e) Σερβίρουμε σε μπολ με ζωμό ντομάτας-βασιλικού.

85. Τραγανό καβούρι και κρέμα τυριού Wontons

Μερίδες: 6 έως 8

24 περιτυλίγματα wonton, αποψυγμένα αν καταψυχθούν
Σπρέι μαγειρικής
Πλήρωση:
5 ουγγιές (142 g) σβώλους καβουριού, στραγγισμένο και στεγνωμένο
4 ουγγιές (113 g) τυρί κρέμα, σε θερμοκρασία δωματίου
2 κρεμμύδια, κομμένα σε φέτες
1 ½ κουταλάκι του γλυκού φρυγανισμένο σησαμέλαιο
1 κουταλάκι του γλυκού σάλτσα Worcestershire
Αλάτι Kosher και αλεσμένο μαύρο πιπέρι, για γεύση

Ψεκάστε το καλάθι της φριτέζας με μαγειρικό σπρέι.
Σε ένα μεσαίου μεγέθους μπολ βάζετε όλα τα υλικά για τη γέμιση και ανακατεύετε μέχρι να αναμειχθούν καλά. Ετοιμάστε ένα μικρό μπολ με νερό δίπλα.
Σε μια καθαρή επιφάνεια εργασίας, τοποθετήστε τα περιτυλίγματα wonton. Ρίξτε 1 κουταλάκι του γλυκού από τη γέμιση στο κέντρο κάθε περιτυλίγματος. Βρέξτε τις άκρες με ένα άγγιγμα νερού. Διπλώστε κάθε περιτύλιγμα wonton διαγώνια στη μέση πάνω από τη γέμιση για να σχηματίσετε ένα τρίγωνο.
Τακτοποιήστε τα wontons στο ταψί. Πασπαλίστε τα wontons με μαγειρικό σπρέι.
Τοποθετήστε το καλάθι της φριτέζας στο ταψί και σύρετε στη θέση 2, επιλέξτε Air Fry, ρυθμίστε τη θερμοκρασία στους 350°F (180°C) και ρυθμίστε το χρόνο στα 10 λεπτά.
Αναποδογυρίστε τα wontons στη μέση του χρόνου μαγειρέματος.

Όταν ολοκληρωθεί το μαγείρεμα, τα wontons θα γίνουν τραγανά και θα γίνουν χρυσαφί.
Σερβίρετε αμέσως.

86. Χοιρινός Μόμος

Σερβίρει: 4

2 κουταλιές της σούπας ελαιόλαδο
1 λίβρα (454 g) κιμά χοιρινό
1 καρότο τριμμένο
1 κρεμμύδι, ψιλοκομμένο
1 κουταλάκι του γλυκού σάλτσα σόγιας
16 περιτυλίγματα wonton
Αλάτι και αλεσμένο μαύρο πιπέρι, για γεύση
Σπρέι μαγειρικής

Ζεσταίνουμε το ελαιόλαδο σε ένα αντικολλητικό τηγάνι σε μέτρια φωτιά μέχρι να γυαλίσει.
Προσθέστε τον κιμά χοιρινό, το καρότο, το κρεμμύδι, τη σάλτσα σόγιας, το αλάτι και το αλεσμένο μαύρο πιπέρι και σοτάρετε για 10 λεπτά ή μέχρι να ροδίσει καλά το χοιρινό και να μαλακώσουν τα καρότα.
Ξεδιπλώστε τα περιτυλίγματα σε μια καθαρή επιφάνεια εργασίας και, στη συνέχεια, μοιράστε το ψημένο χοιρινό κρέας και τα λαχανικά στα περιτυλίγματα. Διπλώνετε τις άκρες γύρω από τη γέμιση για να σχηματίσετε momos.
Τρίψτε το πάνω μέρος για να σφραγιστεί το momos.
Τοποθετήστε τα momos στο καλάθι της φριτέζας και πασπαλίστε με μαγειρικό σπρέι.
Τοποθετήστε το καλάθι της φριτέζας στο ταψί και σύρετε στη θέση 2, επιλέξτε Air Fry, ρυθμίστε τη θερμοκρασία στους 320°F (160°C) και ρυθμίστε το χρόνο στα 10 λεπτά.
Όταν ολοκληρωθεί το μαγείρεμα, τα περιτυλίγματα θα ροδίσουν ελαφρά.
Σερβίρετε αμέσως.

87. Τηγανητό στον αέρα Κρέμα Τυρί Wontons

Σερβίρει: 4

2 ουγγιές (57 g) τυρί κρέμα, μαλακωμένο
1 κουταλιά της σούπας ζάχαρη
16 τετράγωνα περιτυλίγματα wonton
Σπρέι μαγειρικής

Ψεκάστε το καλάθι της φριτέζας με μαγειρικό σπρέι.
Σε ένα μπολ ανακατεύουμε το τυρί κρέμα και τη ζάχαρη μέχρι να ανακατευτούν καλά. Ετοιμάστε ένα μικρό μπολ με νερό δίπλα.
Σε μια καθαρή επιφάνεια εργασίας, τοποθετήστε τα περιτυλίγματα wonton. Ρίξτε $\frac{1}{4}$ κουταλάκι του γλυκού τυρί κρέμα στο κέντρο κάθε περιτυλίγματος wonton.
Ταμπονάρετε το νερό πάνω από τις άκρες του περιτυλίγματος. Διπλώστε κάθε περιτύλιγμα wonton διαγώνια στη μέση πάνω από τη γέμιση για να σχηματίσετε ένα τρίγωνο.
Τακτοποιήστε τα wontons στο ταψί. Πασπαλίστε τα wontons με μαγειρικό σπρέι.
Τοποθετήστε το καλάθι της φριτέζας στο ταψί και σύρετε στη θέση 2, επιλέξτε Air Fry, ρυθμίστε τη θερμοκρασία στους 350°F (180°C) και ρυθμίστε το χρόνο στα 6 λεπτά. Αναποδογυρίστε τα wontons στη μέση του χρόνου μαγειρέματος.
Όταν ολοκληρωθεί το μαγείρεμα, τα wontons θα γίνουν χρυσαφί και τραγανά.
Μοιράστε τα wontons σε τέσσερα πιάτα. Αφήνουμε να ξεκουραστεί για 5 λεπτά πριν σερβίρουμε.

88. Λάχανο και χοιρινό Gyoza

Σερβίρει: 48 γκιόζα

1 λίβρα (454 g) κιμά χοιρινό
1 κεφάλι λάχανο νάπα (περίπου 1 λίβρα / 454 γρ.), κομμένο σε λεπτές φέτες και ψιλοκομμένο
½ φλιτζάνι ψιλοκομμένο κρεμμύδι
1 κουταλάκι του γλυκού φρέσκο σχοινόπρασο ψιλοκομμένο
1 κουταλάκι του γλυκού σάλτσα σόγιας
1 κουταλάκι του γλυκού ψιλοκομμένο φρέσκο τζίντζερ
1 κουταλιά της σούπας ψιλοκομμένο σκόρδο
1 κουταλάκι του γλυκού κρυσταλλική ζάχαρη
2 κουταλάκια του γλυκού αλάτι kosher
48 έως 50 wonton ή περιτυλίγματα dumpling
Σπρέι μαγειρικής

Ψεκάστε το καλάθι της φριτέζας με μαγειρικό σπρέι. Αφήνω στην άκρη.
Φτιάχνουμε τη γέμιση: Ανακατεύουμε όλα τα υλικά, εκτός από τα περιτυλίγματα, σε ένα μεγάλο μπολ. Ανακατεύουμε να ανακατευτούν καλά.
Ξεδιπλώστε ένα περιτύλιγμα σε μια καθαρή επιφάνεια εργασίας και, στη συνέχεια, ταμπονάρετε τις άκρες με λίγο νερό. Ρίξτε 2 κουταλάκια του γλυκού από το μείγμα της γέμισης στο κέντρο.
Φτιάχνουμε το gyoza: Διπλώνουμε το περιτύλιγμα πάνω από τη γέμιση και πιέζουμε τις άκρες να σφραγιστούν. Πιέστε τις άκρες αν θέλετε. Επαναλάβετε με τα υπόλοιπα περιτυλίγματα και γεμίσεις.
Αραδιάζουμε τα γκιόζα στο τηγάνι και τα πασπαλίζουμε με μαγειρικό σπρέι.

Τοποθετήστε το καλάθι της φριτέζας στο ταψί και σύρετε στη θέση 2, επιλέξτε Air Fry, ρυθμίστε τη θερμοκρασία στους 360°F (182°C) και ρυθμίστε το χρόνο στα 10 λεπτά. Γυρίστε το gyoza στα μισά του χρόνου μαγειρέματος.
Όταν ψηθούν, τα γκιόζα θα ροδίσουν.
Σερβίρετε αμέσως.

89. Ψητά λαχανικά και θαλασσινά

Απόδοση: 6 μερίδες

Συστατικό
- 1 φάκελος μείγμα σούπας λαχανικών 15 ουγγιές
- μαύρο πιπέρι 40 περιτυλίγματα wonton 1
- τυρί ρικότα
- ½ κιλό απομίμηση καβουριού, ψιλοκομμένο ¼ κουταλάκι του γλυκού σκόρδο σε σκόνη ⅛ κουταλάκι του γλυκού

- κουταλιά της σούπας φυτικό ή ελαιόλαδο Προθερμάνετε το φούρνο στους 350~F.

Σε ένα μεσαίο μπολ, συνδυάστε το μείγμα σούπας, το τυρί, το καβούρι, τη σκόνη σκόρδου και το πιπέρι Τοποθετήστε 1 κουταλιά της σούπας μείγμα στο κέντρο κάθε Wonton. Βουρτσίστε τις άκρες με νερό. Διπλώστε κάθε γωνία στο κέντρο και πιέστε για να σφραγιστεί.

Τακτοποιήστε την πλευρά της ραφής προς τα κάτω σε ελαφρώς λαδωμένο φύλλο μπισκότων. αλείψτε τα wontons με λάδι. Ψήστε για 25 λεπτά ή μέχρι να γίνει τραγανό και να ροδίσει, γυρίζοντας μια φορά.

90. Γουόντον χοιρινός κιμάς

ΣΥΣΤΑΤΙΚΑ

- Κομμάτι 2 ουγγιών τζίντζερ, ξεφλουδισμένο
- 1/4 φλιτζάνι νερό
- 16 ουγγιές χοιρινός κιμάς, ιδανικά με περίπου 30% λιπαρά
- 1 αυγό, χτυπημένο
- 1 κουταλιά της σούπας σησαμέλαιο
- 1 κουταλάκι του γλυκού κρασί από ρύζι ή ξηρό σέρι
- 3/4 κουταλάκι του γλυκού αλάτι
- 1/4 κουταλάκι του γλυκού λευκό πιπέρι
- 3 κουταλιές της σούπας ζωμός κοτόπουλου ή χοιρινού
- 100 περιτυλίγματα wonton αγορασμένα από το κατάστημα

ΚΑΤΕΥΘΎΝΣΕΙΣ:

1. Θρυμματίζουμε πολύ καλά το κομμάτι τζίντζερ για να βγει η γεύση και το αφήνουμε να μουλιάσει σε 1/4 φλιτζάνι νερό.
2. Ανακατεύουμε τον χοιρινό κιμά με το εμποτισμένο νερό από το τζίντζερ, το χτυπημένο αυγό, το σησαμέλαιο, το κρασί ρυζιού, το αλάτι και το άσπρο πιπέρι. Προσθέστε ζωμό κοτόπουλου ή χοιρινού, μισό κουταλάκι του γλυκού τη φορά για να προσθέσετε υγρασία στο μείγμα.
3. Με ένα περιτύλιγμα wonton από το ένα χέρι, γεμίστε με περίπου 1/2 κουταλιά της σούπας γέμιση. Κλείστε διπλώνοντας το περιτύλιγμα σε τρίγωνο. Σφραγίστε πιέζοντας απαλά τις δύο πλευρές.
4. Πάρτε τις δύο άκρες του τριγώνου και διπλώστε τις άκρες μέχρι να συναντηθούν και να επικαλύπτονται ελαφρά. Πατήστε για να δέσετε τις άκρες.
5. Έχετε έτοιμο ένα μεγάλο τηγάνι με βραστό νερό.

6. Τοποθετήστε απαλά ζυμαρικά, λίγα τη φορά, στο νερό, χωρίς να γεμίσουν, και βράστε μέχρι να ψηθεί η γέμιση (περίπου τρία λεπτά).
7. Στραγγίζουμε και βάζουμε πάνω από το καρύκευμα. Ανακατεύουμε ελαφρά.
8. Αν θέλετε, γαρνίρετε με ψιλοκομμένα φρέσκα κρεμμυδάκια ή κόλιανδρο ή ψιλοκομμένο ωμό σκόρδο ή τζίντζερ.

ΕΠΙΔΟΡΠΙΟ

91. Nutella Wontons

Κάνει: 4-6 μερίδες

ΣΥΣΤΑΤΙΚΑ

- Nutella, όπως απαιτείται
- 2 μεγάλες ώριμες μπανάνες, ξεφλουδισμένες και κομμένες σε φέτες πάχους $\frac{1}{2}$ ίντσας
- νιφάδες καρύδας, όπως απαιτείται
- 24 περιτυλίγματα wonton
- 1 κουταλιά της σούπας καστανή ζάχαρη
- $\frac{1}{4}$ κουταλάκι του γλυκού αλεσμένη κανέλα
- 1 πρέζα αλεσμένο μοσχοκάρυδο
- 1 πρέζα αλεσμένο κάρδαμο
- Λάδι, για τηγάνισμα

ΟΔΗΓΙΕΣ

a) Σε ένα μπολ ανακατεύουμε την καστανή ζάχαρη και τα μπαχαρικά.
b) Προσθέτουμε τις φέτες μπανάνας και τις περιχύνουμε με το μείγμα της καστανής ζάχαρης ομοιόμορφα.
c) Τοποθετήστε μια μικρή ποσότητα Nutella, ακολουθούμενη από μια φέτα μπανάνας και μερικά κομμάτια νιφάδες καρύδας στο κέντρο κάθε περιτυλίγματος wonton.
d) Καλύψτε τις άκρες των τυλιχτών με βρεγμένα δάχτυλα και διπλώστε τα πάνω από τη γέμιση σε σχήμα τριγώνου.
e) Με τα δάχτυλά σας πιέστε τις άκρες για να σφραγιστούν εντελώς.
f) Σε ένα μεγάλο τηγάνι ζεσταίνουμε το λάδι στους 350 βαθμούς Φ.
g) Προσθέστε τα wontons σε παρτίδες και μαγειρέψτε μέχρι να ροδίσουν και από τις δύο πλευρές.

h) Μεταφέρετε τα περιτυλίγματα σε πιατέλα με επένδυση από χαρτί κουζίνας για να στραγγίξουν.
i) Σερβίρετε τα πάντα με πασπαλίζοντας ζάχαρη άχνη.

92. Nutella Banana Wontons

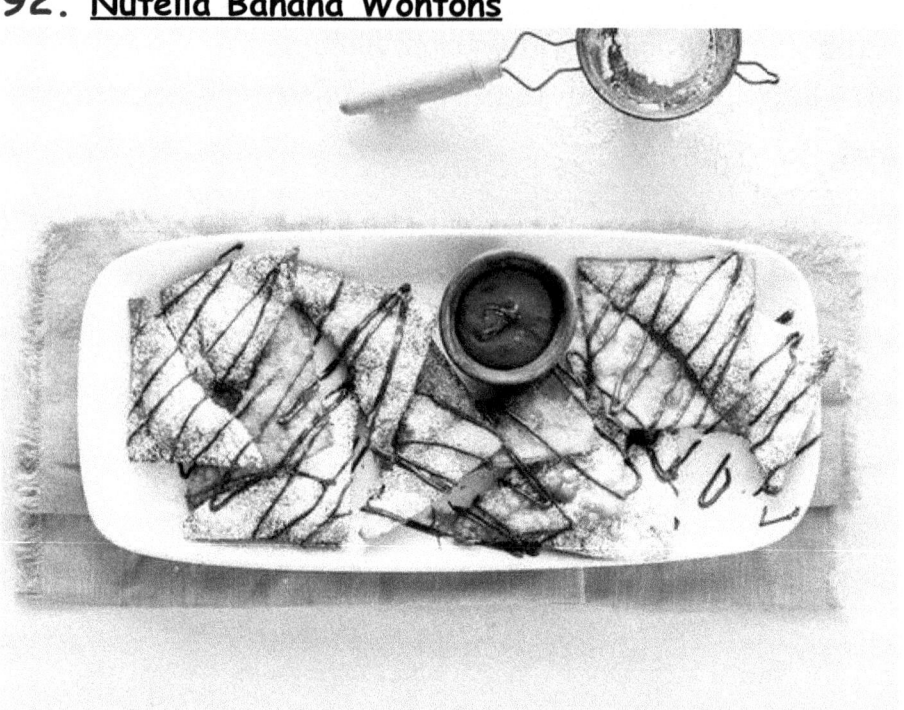

Κάνει: 6

ΣΥΣΤΑΤΙΚΑ

- 1 μικρή ώριμη μπανάνα, πολτοποιημένη
- 1 κουταλιά της σούπας Nutella
- 1 κουταλιά της σούπας μαρμελάδα φράουλα
- 1 κουταλιά της σούπας καρύδια ψιλοκομμένα
- 13 περιτυλίγματα wonton
- ½ κουταλάκι του γλυκού ζάχαρη
- αντικολλητικό μαγειρικό σπρέι

ΟΔΗΓΙΕΣ

h) Ρυθμίστε το φούρνο σας στους 350 βαθμούς F πριν κάνετε οτιδήποτε άλλο και στρώστε ένα φύλλο ψησίματος με λαδόκολλα.

i) Σε ένα μπολ ρίχνουμε τη μαρμελάδα, τη Nutella και την μπανάνα και τη μαρμελάδα και ανακατεύουμε μέχρι να ομογενοποιηθούν.

j) Τοποθετήστε περίπου 1 κουταλάκι του γλυκού από το μείγμα στο κέντρο κάθε περιτυλίγματος wonton, ακολουθούμενο από τους ξηρούς καρπούς.

k) Με βρεγμένα δάχτυλα βρέχουμε τις άκρες κάθε περιτυλίγματος και μετά διπλώνουμε πάνω από τη γέμιση σε σχήμα τριγώνου.

l) Τώρα, με τα δάχτυλά σας, πιέστε τις άκρες για να σφραγιστούν εντελώς.

m) Σε ένα βαθύ τηγάνι, προσθέστε το λάδι σε μέτρια προς δυνατή φωτιά και μαγειρέψτε μέχρι να ζεσταθεί.

n) Στο κάτω μέρος του προετοιμασμένου φύλλου ψησίματος, τοποθετήστε τα περιτυλίγματα wonton.

o) Ψεκάστε κάθε περιτύλιγμα με το μαγειρικό σπρέι και πασπαλίστε με τη ζάχαρη.
p) Ψήνουμε στο φούρνο για περίπου 30 λεπτά 11-15 λεπτά.
q) Απολαύστε το ζεστό με την αγαπημένη σας επικάλυψη.

93. Επιδόρπιο Nutella Wontons

Κάνει: 1

ΣΥΣΤΑΤΙΚΑ
- Nutella, όπως απαιτείται
- 2 μεγάλες ώριμες μπανάνες, ξεφλουδισμένες και κομμένες σε φέτες πάχους $\frac{1}{2}$ ίντσας
- νιφάδες καρύδας, όπως απαιτείται
- Περιτυλίγματα wonton 6 ουγγιών, περίπου 24
- 1 κουταλιά της σούπας καστανή ζάχαρη
- $\frac{1}{4}$ κουταλάκι του γλυκού αλεσμένη κανέλα
- πρέζα αλεσμένο μοσχοκάρυδο
- πρέζα αλεσμένο κάρδαμο
- λάδι (για το τηγάνισμα)
- ζάχαρη άχνη

ΟΔΗΓΙΕΣ
a) Σε ένα μπολ ανακατεύουμε την καστανή ζάχαρη και τα μπαχαρικά.
b) Προσθέτουμε τις φέτες μπανάνας και τις περιχύνουμε με το μείγμα της καστανής ζάχαρης ομοιόμορφα.
c) Τοποθετήστε μια μικρή ποσότητα Nutella, ακολουθούμενη από μια φέτα μπανάνας και μερικά κομμάτια νιφάδες καρύδας στο κέντρο κάθε περιτυλίγματος wonton.
d) Καλύψτε τις άκρες των τυλιχτών με βρεγμένα δάχτυλα και διπλώστε τα πάνω από τη γέμιση σε σχήμα τριγώνου.
e) Με τα δάχτυλά σας πιέστε τις άκρες για να σφραγιστούν εντελώς.
f) Σε ένα μεγάλο τηγάνι ζεσταίνουμε το λάδι στους 350 βαθμούς Φ.

g) Προσθέστε τα wontons σε παρτίδες και μαγειρέψτε μέχρι να ροδίσουν και από τις δύο πλευρές.

h) Μεταφέρετε τα περιτυλίγματα σε πιατέλα με επένδυση από χαρτί κουζίνας για να στραγγίξουν.

i) Σερβίρετε τα πάντα με πασπαλίζοντας ζάχαρη άχνη.

94. Ψητά αχλάδια σε πατατάκια Wonton και μέλι

Χρόνος προετοιμασίας: 20 λεπτά
Χρόνος μαγειρέματος: 45 λεπτά
Μερίδες: 4 άτομα

ΣΥΣΤΑΤΙΚΆ

- ½ κουταλάκι του γλυκού τριμμένη κανέλα, χωρισμένη
- 2 αχλάδια Κορεατικής Αμερικής
- ½ φλιτζάνι συν 1 κουταλιά της σούπας μέλι, χωρισμένο
- Περιτυλίγματα wonton 4 - 6×6
- ¼ φλιτζάνι μασκαρπόνε
- 1 ½ κουταλιά της σούπας λιωμένο ανάλατο βούτυρο

ΚΑΤΕΥΘΎΝΣΕΙΣ

a) Ζεσταίνουμε τη σόμπα στους 375°F και στρώνουμε ένα ταψί με λαδόκολλα.

b) Κόψτε ½ ίντσα από τη βάση και την κορυφή του αχλαδιού.

c) Τώρα ξεφλουδίστε τα και κόψτε τη μέση οριζόντια, αφαιρέστε τους σπόρους

d) Τοποθετήστε τα περιτυλίγματα σε μια στεγνή επίπεδη επιφάνεια, προσθέστε το μισό αχλάδι σε κάθε περιτύλιγμα και πασπαλίστε με κανέλα και μετά πασπαλίστε με λίγο μέλι περίπου 1 κουταλιά της σούπας.

e) Ανασηκώστε τις γωνίες και σφραγίστε χρησιμοποιώντας το μέλι.

f) Τα βάζετε στο ταψί και τα ψήνετε στο φούρνο για 45 λεπτά, αν το χρώμα της ζύμης είναι πολύ, σκεπάζετε με λίγο αλουμινόχαρτο.

g) Ανακατέψτε μαζί το υπόλοιπο μέλι, την κανέλα και το μασκαρπόνε σε ένα λείο μείγμα.

h) Σερβίρουμε τα δέματα με το μασκαρπόνε.

95. Wontons με μπανάνα σοκολάτας

ΣΥΣΤΑΤΙΚΑ

Περιτυλίγματα Wonton
2 ώριμες μπανάνες
1/2 φλιτζάνι κομματάκια σοκολάτας
1 κουταλιά της σούπας λάδι καρύδας
ΟΔΗΓΙΕΣ

Προθερμάνετε το φούρνο στους 350°F (180°C).

Πολτοποιήστε τις μπανάνες σε ένα μπολ ανάμειξης.

Τοποθετήστε μια μικρή κουταλιά από τις πολτοποιημένες μπανάνες και μερικά κομμάτια σοκολάτας σε κάθε περιτύλιγμα wonton.

Βρέξτε τις άκρες του περιτυλίγματος wonton με νερό, διπλώστε στη μέση και πιέστε για να σφραγιστεί.

Τοποθετήστε τα wontons σε ένα ταψί στρωμένο με λαδόκολλα.

Λιώστε το λάδι καρύδας και περάστε το πάνω από τα wontons.

Ψήνουμε στο φούρνο για 10-12 λεπτά, ή μέχρι να ροδίσουν.

Σερβίρετε ζεστό.

96. Apple Cinnamon Wontons

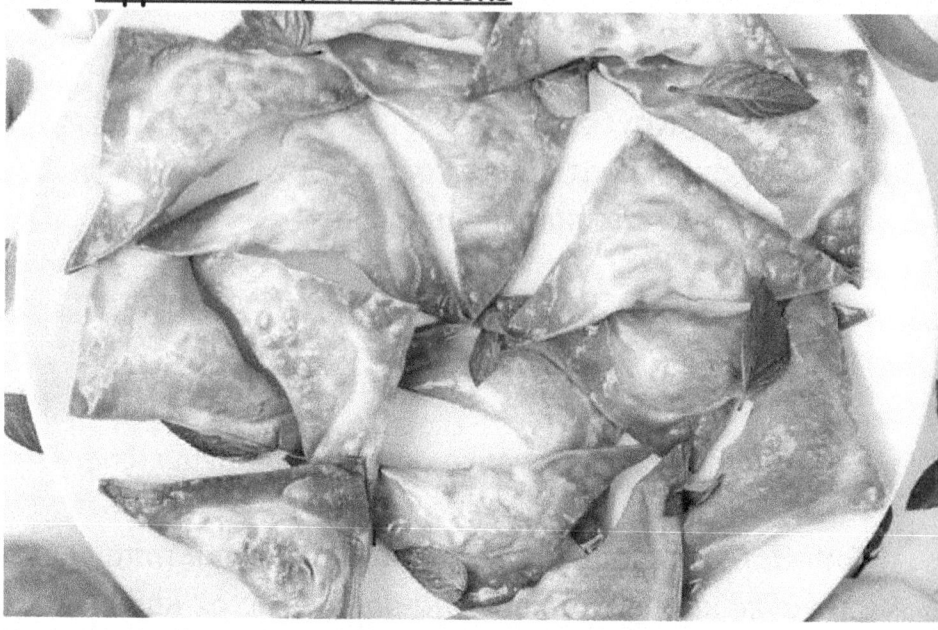

ΣΥΣΤΑΤΙΚΑ

Περιτυλίγματα Wonton
2 μήλα καθαρισμένα και κομμένα σε κύβους
1 κουταλάκι του γλυκού κανέλα
2 κουταλιές της σούπας καστανή ζάχαρη
1 κουταλιά της σούπας βούτυρο

ΟΔΗΓΙΕΣ

Λιώνουμε το βούτυρο σε ένα τηγάνι σε μέτρια φωτιά.

Προσθέστε τα μήλα κομμένα σε κύβους, την κανέλα και την καστανή ζάχαρη στο τηγάνι και μαγειρέψτε για 5-7 λεπτά ή μέχρι να μαλακώσουν τα μήλα.

Τοποθετήστε μια μικρή κουταλιά από το μείγμα μήλου σε κάθε περιτύλιγμα wonton.

Βρέξτε τις άκρες του περιτυλίγματος wonton με νερό, διπλώστε στη μέση και πιέστε για να σφραγιστεί.

Ζεσταίνουμε λίγο λάδι σε ένα τηγάνι σε μέτρια φωτιά.

Μαγειρέψτε τα wontons για 2-3 λεπτά από κάθε πλευρά ή μέχρι να ροδίσουν.

Σερβίρετε ζεστό.

97. Wontons Cream Cheese Strawberry

ΣΥΣΤΑΤΙΚΑ

Περιτυλίγματα Wonton
4 ουγκιές τυρί κρέμα, μαλακωμένο
1/4 φλιτζάνι ζάχαρη άχνη
1/2 φλιτζάνι φράουλες ψιλοκομμένες
1 κουταλάκι του γλυκού εκχύλισμα βανίλιας
1 ασπράδι αβγού χτυπημένο
Φυτικό λάδι για τηγάνισμα

ΟΔΗΓΙΕΣ

Σε ένα μπολ ανακατεύουμε το τυρί κρέμα, τη ζάχαρη άχνη, τις ψιλοκομμένες φράουλες και το εκχύλισμα βανίλιας.

Τοποθετήστε μια μικρή κουταλιά από το μείγμα του τυριού κρέμα σε κάθε περιτύλιγμα wonton.

Βρέξτε τις άκρες του περιτυλίγματος wonton με νερό, διπλώστε στη μέση και πιέστε για να σφραγιστεί.

Ζεσταίνουμε το φυτικό λάδι σε ένα τηγάνι σε μέτρια προς δυνατή φωτιά.

Βουτήξτε κάθε wonton στο ασπράδι και μετά τοποθετήστε το στο καυτό λάδι.

Τηγανίζουμε τα wontons για 2-3 λεπτά από κάθε πλευρά ή μέχρι να ροδίσουν.

Σερβίρετε ζεστό.

98. Blueberry Lemon Wontons

ΣΥΣΤΑΤΙΚΑ

Περιτυλίγματα Wonton
1 φλιτζάνι βατόμουρα
1/4 φλιτζάνι κρυσταλλική ζάχαρη
2 κουταλιές της σούπας άμυλο καλαμποκιού
Ξύσμα και χυμό από 1 λεμόνι
1 αυγό, χτυπημένο
Φυτικό λάδι για τηγάνισμα

ΟΔΗΓΙΕΣ

Σε ένα μπολ ανάμειξης, ανακατεύουμε τα βατόμουρα, την κρυσταλλική ζάχαρη, το άμυλο καλαμποκιού και το ξύσμα και το χυμό λεμονιού.
Τοποθετήστε μια μικρή κουταλιά από το μείγμα βατόμουρου σε κάθε περιτύλιγμα wonton.
Βρέξτε τις άκρες του περιτυλίγματος wonton με νερό, διπλώστε στη μέση και πιέστε για να σφραγιστεί.
4. Βουτήξτε κάθε wonton στο χτυπημένο αυγό και μετά τοποθετήστε το στο καυτό λάδι.

Τηγανίζουμε τα wontons για 2-3 λεπτά από κάθε πλευρά ή μέχρι να ροδίσουν.

Σερβίρετε ζεστό.

99. S'mores Wontons

ΣΥΣΤΑΤΙΚΑ

Περιτυλίγματα Wonton
1/2 φλιτζάνι μίνι marshmallows
1/4 φλιτζάνι κομματάκια σοκολάτας
1/4 φλιτζάνι θρυμματισμένα κράκερ Graham
1 αυγό, χτυπημένο
Φυτικό λάδι για τηγάνισμα

ΟΔΗΓΙΕΣ

Τοποθετήστε μια μικρή κουταλιά μίνι marshmallows, τσιπς σοκολάτας και θρυμματισμένα κράκερ Graham σε κάθε περιτύλιγμα wonton.

Βρέξτε τις άκρες του περιτυλίγματος wonton με νερό, διπλώστε στη μέση και πιέστε για να σφραγιστεί.

Βουτήξτε κάθε wonton στο χτυπημένο αυγό και μετά τοποθετήστε το στο καυτό λάδι.

Τηγανίζουμε τα wontons για 2-3 λεπτά από κάθε πλευρά ή μέχρι να ροδίσουν.

Σερβίρετε ζεστό.

100. Raspberry Cream Cheese Wontons

ΣΥΣΤΑΤΙΚΑ

Περιτυλίγματα Wonton
4 ουγκιές τυρί κρέμα, μαλακωμένο
1/4 φλιτζάνι ζάχαρη άχνη
1/2 φλιτζάνι σμέουρα
1 κουταλάκι του γλυκού εκχύλισμα βανίλιας
1 ασπράδι αβγού, χτυπημένο
Φυτικό λάδι για τηγάνισμα

ΟΔΗΓΙΕΣ

Σε ένα μπολ ανακατεύουμε το τυρί κρέμα, τη ζάχαρη άχνη, τα σμέουρα και το εκχύλισμα βανίλιας.

Τοποθετήστε μια μικρή κουταλιά από το μείγμα του τυριού κρέμα σε κάθε περιτύλιγμα wonton.

Βρέξτε τις άκρες του περιτυλίγματος wonton με νερό, διπλώστε στη μέση και πιέστε για να σφραγιστεί.

Ζεσταίνουμε το φυτικό λάδι σε ένα τηγάνι σε μέτρια προς δυνατή φωτιά.

Βουτήξτε κάθε wonton στο ασπράδι και μετά τοποθετήστε το στο καυτό λάδι.

Τηγανίζουμε τα wontons για 2-3 λεπτά από κάθε πλευρά ή μέχρι να ροδίσουν.

Σερβίρετε ζεστό.

ΣΥΜΠΕΡΑΣΜΑ

Ελπίζουμε ότι αυτό το Wonton Cookbook σας ενέπνευσε να εξερευνήσετε τις πλούσιες και ποικίλες γεύσεις της κινέζικης κουζίνας. Είτε θέλετε να αναδημιουργήσετε ένα αγαπημένο πιάτο είτε να δοκιμάσετε κάτι νέο, τα Wontons είναι μια νόστιμη και ευέλικτη επιλογή που μπορεί να προσαρμοστεί για να ταιριάζει σε κάθε γούστο. Από αλμυρό χοιρινό και γαρίδες μέχρι γλυκιά σοκολάτα και μπανάνα, οι δυνατότητες είναι ατελείωτες.

Σας ενθαρρύνουμε να πειραματιστείτε με διαφορετικές γεμίσεις και μεθόδους μαγειρέματος για να ανακαλύψετε τις δικές σας μοναδικές δημιουργίες wonton. Και πάνω από όλα, ελπίζουμε ότι αυτό το βιβλίο μαγειρικής σας έφερε χαρά και ικανοποίηση στην κουζίνα. Καλό μαγείρεμα!

Milton Keynes UK
Ingram Content Group UK Ltd.
UKHW020122030823
426203UK00016B/643